# 職場の女子のトリセツ

有川真由美

Arikawa Mayumi

PHP

# はじめに――女性の性質を理解すれば、人生は劇的に変わる！

## 女性との疲れるやりとりから抜け出そう

「女って扱いづらい……」

この本を手にとってくださったあなたは、そう感じているのではないでしょうか。

すぐに怒り出す。ふてくされる。拗《す》ねる。泣く。イライラして人に当たる。ギャンギャン文句を言う。話が論理的でない。些細《ささい》なことにこだわる。思い込みが激しいなど、**あなたのそばにも、あなたを困らせている女性がいる**のではないでしょうか。

そんな女性が近くにいると、大変ですよね。でも、もしかしたら女性のほうは、

「どうしてわかってくれないの⁉」

と、ため息をついているのかもしれません。

残念ながら男性も女性も、相手の心に届く〝コトバ〟がわかっていないのです。

ここで言う〝コトバ〟とは、話す言葉だけではありません。表情やとっさのリアクション、メールの返信、ちょっとした気遣い、日頃やっている行動など、相手に対するすべての表現のことを言います。


重要なのは、〝コトバ〟は単に情報のやり取りではなく、〝気持ち〟の交換であるということ。あなたが女性の心まで届くコトバを持つことで、閉ざされていた相手の心の扉はがちゃりと開き、風通しのいい人間関係が生まれます。

「なんだ、そういうことだったのか」と女性の気持ちが理解できるようになるだけでなく、女性があなたの気持ちを汲《く》んで動いたり、さまざまな場面で味方になってくれたりと、予想以上の効果があることに驚くはずです。


とにかく、**女性という生きもの**は、上司や同僚、部下であれ、夫や恋人、友人であれ、**「心が通い合う」と思った男性のためには、とことんがんばる**ものですから。

女性は男性のコトバ一つでご機嫌になり、コトバ一つで固く心を閉ざす。男性に影響を受けやすく、男性によって柔軟に変わっていくという性質を持っています。

そんな鍵となる〝コトバ〟をあなたにお伝えするために、この本はあります。

## コミュニケーションが成り立たないのにはワケがある

社会の大きな変化によって、これまでと同じような男女間のコミュニケーションが成り立たなくなってきました。

数十年前までは、職場や家庭での男女の役割のパターンが決まっていたために、「男（女）として、なにをしたらいいのか」「どう振る舞ったらいいのか」という方向性がハッキリしていました。

しかし、現代は社会のシステムが急激に変化し、人間関係も複雑になっています。

女性は男性と同じように働き、男性も家事や育児を分担。生き方が自由になり、それぞれの〝個人〟が多様な価値観を持つようになりました。

また、男性と女性の性質も変化してきました。

かつて「おやじ化女子／おっさん女子」なんて言葉がありましたが、私も恥ずかしながら、それを自覚していた一人。

体育会系の職場で「仕事には男も女もない！」などと言われ、一途に仕事をがんばり続けた結果、乱暴な言葉を使うようになったり、服装やメイクに気を遣わなくなったり……。

世の女性たちが〝おっさん化〟することで、「さっぱりしている」「論理的に話す」「責任感がある」など男性のプラスの性質が身につけばいいのでしょうが、一方で「攻撃的になる」というマイナスの性質も表面化してくる。

女子の専売特許であるはずの「愛嬌《あいきょう》」「やさしさ」「細やかな気遣い」などの能力はぐんと低下してしまうのです。

攻撃的ではあるけれど、泣いたり拗ねたり……と男性・女性の性質が裏目に出てしまった女子というのは、男性にとってたいへん扱いづらいものでしょう。しかも、**扱い方を間違えると、パワハラやセクハラで訴えられかねない**怖さがあります。

男性は男性で、「草食系男子」という言葉に象徴されるように、従来の〝男らしさ〟

にとらわれず、心やさしくて安定志向、仕事や恋愛にガツガツしない男性が増えてきました。

このように男女の役割や価値観、性質が変化したために、これまでと同じようなコミュニケーションのとり方では通用しなくなってきました。相手に届く〝コトバ〟を持ち、意見を言い合ったり、譲り合ったり、折り合いをつけたりしながら、職場や家庭において心地いい関係と、自分の居場所をつくっていく必要が出てきたのです。

## 男性のコミュニケーションスキルは後退していないか?

ところが、これだけコミュニケーションスキルが問われる時代にもかかわらず、残念ながら、そのスキルは高まっているようには思えないのです。いえ、むしろ後退しているのでは?と肌感覚で思うほど。

それには、便利社会、IT化によって言葉を発する必要性が激減したこと、少子化・核家族化によって周囲との関係が薄れたこと、SNSやメールのやり取りが急増したことなど、リアルなコミュニケーションを学ぶ機会が減ったことがあるでしょう。

悲劇的なのは、コミュニケーションの重要性が高まっているのにもかかわらず、お互いが「面倒くさい」「どうせ言っても無駄」などと言って、異性を理解することから逃げているように見えることです。いえ、理解する以前に、相手を見ようとすることすら避けているように思えてならないのです。

もちろん、これは男性だけの責任ではありません。

女性も、男性に対するコトバが未熟であると思います。

しかし、女性たちは（職場の女性たちも）、いつでも待っているのです。

男性が自分に目を向けてくれること。〝愛〟のあるコトバをかけてくれることを。

「〝愛〟のあるコトバ」というのは、恋人や妻への愛だけではありません。

すべての女性に向ける、やさしさや思いやり、興味や関心などのことも当てはまります。

見た目や印象で女性に好意を持つことができる男性に対して、男性が自分に目を向けてくれなければ、相手に好意を持ったり、大切にしようとしたりはできないのが女性というもの。期待する愛（やさしさ）が得られないことが度重なると、もだえ苦しみ、「いなくなってくれたらいいのに」とさえ思うようになるのです。

**女性にとって〝愛〟があるかどうかは、なによりも重要なのです。**

おそらく男性に言わせれば、「愛がないわけじゃない」のでしょうが、女性は「コトバがない＝愛がない」と判断してしまうワケです。

20代、30代の女性たちに、「嫌いな上司はどんな人？」と聞くと、決まって出てくるのが、「上から目線」で「攻撃的」な上司。

具体的には「自分はいつも正しいと思っていて、人の意見を聞かない」「命令口調」「なにかと嫌味を言う」「言葉が乱暴」などなど。

男性のこんな言動を、女性たちは、まったく「〝愛〟がない」と感じています。

最初は売り言葉に買い言葉で反撃してくるでしょうが、無駄だとわかると、つぎは、ふてくされたり、無視したりと最低限のコミュニケーションしかとらなくなります。

同じように思っている女性たちが「○○課長、ちょっと、ひどくない？」などと気持ちをシェアし始めたら、もうおしまい。女性とは、モヤモヤする感情を吐き出して、分かち合いたい生きもの。喜々とした悪口が社内じゅうに広まって、圧倒的なパワーを持った女性軍団を敵に回すことになります。

女性のサポートが得られなくなり、**日々の仕事に支障が出るだけでなく、評価や昇進にまで影響が出てくる**こともあります。

残念なのは、そうなってもなお、「仕事は、好き嫌いや感情を抜きにして、やることさえやってくれればいいんだ」と本気で思っている男性たちが多いことです。

それは女性を知らないがゆえの言葉。現代の男女がともに働く職場では、どれだけ仕事を合理化しても、どれだけブラックな働き方をしても、パサパサと乾いた人間関係では、継続的な発展は望めないでしょう。

「利益を得ること、成功することがいちばん大事」という価値観が男性の世界であるなら、「まずは、幸せであることがいちばん大事」というのが女性の世界。現代社会は男性の価値観で発展してきましたが、それももう限界がきているようです。

前向きな見方をするなら、女性を知り、女性の価値観を取り入れることは、人生を楽しく豊かにしていくスキルでもあるのです。

## 女性に届く〝コトバ〟を持てば、お互いにぐんぐん成長できる

多くの男性が〝コトバ〟を知らないのであれば、逆にそれを知って、コミュニケーションスキルを身につけた男性は、ひときわ目立ち、女性たちから愛されます。

友人に、アジア各地で大きなプロジェクトを次々に成功させている男性がいます。いわゆる、ヘッドハンティングによる〝雇われ社長〟である彼は、行く先々の職場で、大勢の人たちと信頼関係を築いてきました。

その鍵は、**「女性の扱い方がすばらしく上手い」**ということに尽きます。

彼は、女性を女性として扱っているのです。といっても、下に見ているのではありません。むしろ、その逆で、「自分ができないことができる人はすべて尊敬する」と、一人ひとりの才能への尊敬を示すのです。

「それ、すばらしいね」と、持っている才能を見つけて、「○○さんだからお願いしたい」と思いっきり頼ります。

いつも自分から声をかけて冗談を言い合っているかと思えば、女性が困っていると

きは、とことん話を聞き、女性がひどい目に遭《あ》ったときは、矢面《やおもて》に立って守ります。

そんな彼のまわりはいつも笑顔があふれていて、**なにも言わなくても動いてくれる女性軍団**が、自然にできてくるのです。

女性が元気な職場は、男性も元気でチームワークが抜群。彼の任務が終わって、職場を去るときは、どの赴任地でも大勢の部下たちが涙で見送ると言います。


女性が男性と同じように扱われることが常となった現代の職場で、女性たちは、女性として扱われることに、心から安心するのでしょう。男性とは違う視点で考えたり、男性のできないことをやったりして、伸び伸びと力を発揮するようになります。

女性が女性の持ち味を生かしている場所では、男性も不思議とリーダーシップや責任感など男性の持ち味が出ていて、自然と役割分担ができてきます。

そんな男性は、女性たちの尊敬と信頼を集めることで自信と勇気を身につけ、お互いにぐんぐん成長できるのです。


この本は、愛され、大切にされる男性になるための〝コトバ〟や行動を中心に書きました。「です、ます」という丁寧語表現ではないフランクな言い方も書いていますが、仕事の場では、丁寧な言葉に変換してください。

ただし、人間関係がしっかりできている年下の女性、同期の女性は、「です、ます」でないほうが、人間的にオープンな印象を抱きます。臨機応変にいきましょう。

「女性に対するコトバ」を持つことは、それほどむずかしいことではありません。女性の性質と、女性を喜ばせるコツさえわかればいいのです。意外に単純です。

そのためには、女性の基本的な考え方や行動を知っておくことから。まずは、そのあたりからお伝えしていきましょう。

女性は、男性の〝コトバ〟一つで
ご機嫌になり、
〝コトバ〟一つで固く心を閉ざす。

# 職場の女子のトリセツ

目次

## 第1章 知っておきたい女性の7つの考え方・行動

第2章

# こんな男の言葉と行動が女性に嫌われている

# 第3章 こんな面倒な女がご機嫌になる対処法

# 第4章 モテる男が言うこんなひと言

## 第5章 女性をご機嫌にするこんな行動

装幀——小口翔平＋喜來詩織（tobufune）

# 第1章

# 知っておきたい女性の7つの考え方・行動

# 01

# 女性は自分を大切にしてくれる男が好き

女性との関係を築くために、最初にわかっておいてほしいことがあります。

それは、すべての女性は男性に「プリンセスのように扱ってもらいたい」ということです。

こう書くと、「え？　職場でも？」と思う人がいらっしゃるでしょうね。

〝プリンセス〟というのは、たとえですが、それは、「つねにだれかが気にかけてくれている状態」のこと。

少女から老女、専業主婦からバリバリ仕事をしている女性まで、心の奥では「私を見て！　大事に扱って！」と思っているのです。

ここを押さえておけば、職場の（それ以外でも）女性の数々の面倒な言動も「なるほど。そういうことか」とわかってもらえるはずです。

「職場なんだし、そんな〝構《かま》ってちゃん〟は面倒くさい」「男に依存しないで、もっと精神的に自立してほしい」と、ここでもツッコミたくなる男性はいるでしょう。

しかし、それは、女性の本質をまだ知らないがゆえの言葉。

もちろん、現代の女性は一人でも生きられます。経済的にも精神的にも自立している女性は多い。けれど、女性は職場であろうと、家庭であろうと、目の前に男性がいれば、「**自分を見てほしい**」「**自分のためになにかしてほしい**」「**安心させてほしい**」と期待してしまう生きものなのです。

なぜなら、男性には自分にない優れた能力があるとわかっているから。そして、女性は、なにかと不安になりやすい生きものだから。男性に愛され、大切にされることが、女性としての存在価値を確認できることであり、気にかけてもらえないことは、存在価値を脅《おびや》かすことだからです。

これはもう、男性が獲物をとってこなければ生きられなかった**太古の昔から、DNAに組み込まれた性《さが》**としかいいようがありません。

女性自身にも無自覚な人は多く、「私は男性にとくに要求することはない」と言っている女性でも、よくよく話を聞くと、「LINEの既読スルーにはイラっとする」と言います（男性にとっては既読スルーは、大したことではないでしょう）。

女性はいつも人間関係のなかで「自分が大切にされているか」を気にしています。まわりの人から愛されることで、自分の〝存在価値〟を確認して、安心するのです。

## 女性は男性に気にかけてもらうことで笑顔になれる

断言します。多くの男性は、女性ほど〝愛〟について真剣に考えていません。

女性がつねに「（身近な人に）愛されたい」と思っているのに対して、男性は「（世の中の人に）認められたい」と思っているのではないでしょうか。

男性は「尊敬されるカッコいい男になること」が女性にモテることだと固く信じて、日々、自分を高め、権力や財力、名誉を得ることに努めているでしょう。それが男性の魅力の一つになることは確かです。

しかし、「女性の心をとらえる」という意味では、的外れな努力かもしれません。

女性は気にかけられず、理解もされていないと感じている男性のことを、好意的に思ったり、認めたりはしませんし、その人のために動いたりすることも、まずありえません。たとえば、職場で「出世していく男性」「社内表彰される男性」はすばらしいとは思いますが、所詮《しょせん》、〝他人事《ひとごと》〟です。

女性たちにとっては「いつもありがとう」と言ってくれる男性のほうが、ずっと大切。女は感情移入する生きものなので、自分を気にかけてくれる相手には贔屓目《ひいきめ》になって200点。成功すれば涙を流して喜び、失敗すれば心から支えたいと思います。

女性にも男性にも慕《した》われているある社長が、こんなことを言ったことがありました。

「僕はすべての女性は、お姫様だと思って接している。子どものころ、父にそうしろと言われたからなんだけど、いい教えだったと思っているよ」

幼稚園のころから、近所のおばあちゃんに花を摘《つ》んで帰ったり、靴をうまく履けない女の子の靴紐を結んであげたりしていたのだとか。女性が喜んで笑顔になれば、知らず知らずのうちに彼の自信になっていく……。

それが彼を大企業の社長まで押し上げたのかもしれません。

女性は〝その人にとってのプリンセス〟になりたいと思っていても、社会のなかでは〝主役〟でなくてもいい。縁の下の力持ちになることも厭《いと》いません。女性がプリンセスであることは、男性が思う存分、力を発揮することにもつながるのです。

女性はいつも人間関係のなかで、「自分が大切にされているか」を気にしている。

そのためには、**男性の〝愛情表現〟が必要不可欠。**社会で認められることも男性には重要ですが、同時に、身近な人を笑顔にすることも、大切な役割だと思うのです。

## 女性はマメな気遣いができる男にキュンとする

モテる男性のタイプも時代とともに変化してきました。数十年前のモテる男性、結婚したい男性の条件は、「三高」といって「高学歴」「高収入」「高身長」の男性でしたが、現代の女性は、そんなことは意外と気にしていません。何年か前には「三低」の「低姿勢（女性に威張《いば》らない）」「低依存（家事を女性に頼らない）」「低リスク（リストラされない）」という言葉が流行ったほど。

つぎの3つは、若い女性から中高年まで、まわりの女性の意見を聞きながら、見つけた**【職場でも、プライベートでもモテる男性の3条件】**です。

①　マメな気遣いができること
②　自然体でかわいげがあること
③　少しの強引さがあること

まず①から説明していきましょう。女性は「〝つねに〟みんなからの愛情を実感していたい」と思っているため、〝マメさ〟が重要なポイントです。愛を与えることをもったいぶらない男性は、一緒にいて心地よく、安心できるのです。

大きなこと、特別なことをする必要はありません。大サービスをしても、それっきりでは、逆に「あのときは、よくしてくれたのに……」と不安になってしまうでしょう。

**職場では「声をかける」「話を聞いてあげる」「ありがとうを言う」など、些細なことでいい**のです。女性は「〝快感〟を貯金する」という性質があります。1回、笑顔になるたびに、チャリン、チャリンと快感の貯金をしていきます。

大きなギフトも、小さなギフトも1つのコイン。女性の〝快感貯金〟がたまるほど、男性はトクをする仕組みになっています。

男性から見ると、「そんな面倒なことをしていられるか!」と思うかもしれませんが、ちょっと待ってください。女性から見ると、日ごろなにもしないのに、〝継続的〟な愛情やサポートだけを得ようという男性は、ムシがよすぎるというものです。

男性と女性の関係は、なにもしないで続いていくわけではありません。メンテナンスを怠《おこた》ると動かなくなる車のように、マメに手をかけてあげることが大切なのです。

いきなりマメな人になるのはむずかしく、不自然なので、1日1回でも自分から挨拶をしたり、なにかしてもらったときに感謝を示したりすることから始めてはいかがでしょう。

## 女性はかわいげのある男にキュンとする

男の「かわいげ」は、最近、よく女性たちから出てくる言葉。「かわいげのある男性は憎めない」「かわいげのない男性は、仕事を教えてもらえないから、出世もできない」というように。

「かわいげ」といっても、見た目がかわいい、かわいい指向があるというわけではありません。自然体で素直、壁をつくらないということです。

たとえば、なにかのミスをしたときに、「う……やってしまった。ごめんね」と言ってくれる男性はかわいげがあり、微笑《ほほえ》ましく思えるもの。逆に、なにかと言い訳をしたり、人のせいにしたりする男性は、かわいげがなく、女性から反感を買うものです。

男性は「優秀な男だと思われたい」という気持ちから、虚勢を張ることがありますが、女性にとってはうっとうしいものです。

逆に、完ぺきでないからこそ、なにかしてあげたいと思うのです。女性は基本的には愛情深く、世話焼きなところがありますから。

仕事がめっぽうダメで、だらしない上司が、女性部下たちから「私たちがちゃんとサポートしてあげなきゃ」と愛され、あれこれお世話をされているケースがあります。そんな上司は大抵、自然体で、素直に女性に頼ったり、感謝したりしています。

世間から見ると〝ダメな男〟でも、女性にとっては〝大事な人〟。自分を必要としてもらえることは、自分の存在価値を確認できることであり、喜びなのです。

15歳以上離れた夫と10年以上暮らしている知人が、こんなことを言っていました。「男は尊敬する人より、かわいげのある人がいい。尊敬する人は、欠点が見えてくると嫌いになるけど、かわいげのある人は、どれだけ欠点があっても嫌いにならない」

現代の男性に必要なのは、「尊敬されること」よりも「愛されること」。これまで〝かわいげ〟というのは、女の専売特許でしたが、これからは、男のかわいげこそ、世の中を渡り歩いていくための〝武器〟になるはずです。

## 女性は少しだけ強引な男にキュンとする

モテる男の最後の条件は、「少しだけ強引であること」。というと、恋愛で誘うことのようですが、職場でも同じです。

男性の強引さに女性がキュンとくるのは、**おもに「決める」「リードする」「守る」など女性の不得意とするところで、〝男らしさ〟を発揮してくれるとき**です。

先日、ほぼ女性ばかりの会議で、企画を実行するかどうかの議論が煮詰まっていたことがありました。女性というのは、よく考えないと決められない、前に進めないもの。空気を読んで、発言を躊躇《ちゅうちょ》してしまうこともあります。

そんなとき、会議に参加していた唯一の男性が、元気にこう発言したのでした。

「やってみましょうよ！　やってみなきゃ、うまくいくかどうかはわかりませんよね」

女性全員が「それもそうだ」と拍手。会議後、「〇〇くん、おとなしいと思っていたけど、見直したね～」と話したものです。

ある女性は、連日の残業で疲れているときに、男性上司からの、

「上司命令だ。絶対に今日は定時で帰りなさい。あとは自分がやるから」

という言葉にグッときたとか。強引な言葉を使ってでも、女性を助けようとしてくれる男性は、カッコいい〝ヒーロー〟のように見えたはずです。

仕事やデートのプランを「どうしよう」と決められなかったり、「任せた」と丸投げしたりする男性に、女性は「もう、しっかりしてよ！」と、内心イライラしています。「やさしい草食男子がいい」なんて言っても、女性は心のどこかで、いざというときには男性に強くリードしてほしいと望んでいるものです。

恋愛も結婚も、ほとんどは男性から壁を乗り越えてきてくれないと前に進めません。「壁ドン」という言葉が流行ったのも、男性の強引な攻めにキュンとくるからでしょう。

恋愛において、女性からよく聞かれるのは、「あと1回、誘ってくれたら、OKするのに……」という言葉。女性が前に進むのを躊躇しているうちに、猜疑心《さいぎしん》が強く、傷つきやすい男性は、あっさりと引き下がってしまいます。断られても何度か誘えば、「そんなに私のことが好きなんだ」と情が湧いてくることもあるかもしれないのに。

ただし、「強引さ」と「身勝手さ」は紙一重。その匙《さじ》加減が大事です。嫌いな相手からの強引さは、速攻で拒否され、さらに嫌悪されます。女性に対する〝思いやり〟が感じられることが必須でしょう。

# 現代の男性に必要なのは、「尊敬されること」よりも「愛されること」。

# 02
# 女性はしゃべることで落ち着く

「ちっとも話を聞いてくれない」

「どうしてわかってくれないの？」

男性は、こんな女性の不満を耳にタコができるほど聞いてきたのではないでしょうか。

「女のグチや不満を延々と聞かされるのは、たまったものではない」「ちゃんと聞いているのに、『わかっていない』と言われたら身も蓋《ふた》もない」と、女性の長話にイライラして、反論したくなる男性の気持ちも理解できます。

ある若い友人は、上司に「営業ノルマのプレッシャーに耐えられなくて……」と訴えたところ、「ストレスがあるなら、運動でもして発散すれば？」と返され、しまいには「こっちもプレッシャーと闘ってるんだ！」と逆ギレされたとか。

上司にとっては、部下に不満をぶちまけられたら、「アドバイスを求められている」「攻撃されたら反撃しなくては」と勝手に思い込んでしまったのかもしれません。が、友人は「この人になにを言ってもムダだ」と絶望したと言います。

男性は理詰めで、沈静化を図ろうとしますが、それはなんの効果もないでしょう。男性が情をかけて話を聞いてくれるまで、延々と訴えは続きます。

女性に理屈が通用しないのは、話の内容よりも、男性のリアクションに注視しているから。男性がイライラしていたり、聞く耳をもたない態度だと、女性は「自分を見ていない」「受け入れてもらっていない」と思うでしょう。女性にとっては、**問題を解決することではなく、話を聞いてもらうこと自体に意味がある**のです。

このすれ違いを埋めることこそが、男女の人間関係にとって、もっとも重要なポイントと言ってもいいでしょう。

職場で女性から不満を言われたとき、妻や恋人からグチられたとき、男性が「話を聞いてあげる」と言うだけで、人間関係の摩擦や退職、離婚、別れといった悲劇の大部分を避けることができるのです。

## 女性にとって〝共感〟がなければ、話していることにはならない

女性が何時間も電話でしゃべっていたり、なにかと井戸端会議をしたりするのを見て、「どうして、女はそんなに話したがるのか?」と呆《あき》れる男性もいることでしょう。

なぜなら、女性にとって「話すこと」は、いちばんの癒やしであり、心の平安を取り戻すことだからです。とくに、女性がストレスを感じたときの「話したい欲求」は、一人になってリカバリーしようとする男性の比ではありません。

だれかに自分の内情や気持ちを吐き出すことで、重い荷物を肩から降ろしたような気分になります。

男性は古来、獲物をとったり、家をつくったりするなんらかの目的があって、「こうしたほうがいい」「正しい・間違っている」と問題を解決するためのコミュニケーションをとってきました。問題があっても他人に弱みを見せず、感情をしまい込んできたでしょう。

対して、女性は男性が狩りに出ている間、子を産み、育てるために、よりよい人間関係づくりのコミュニケーションを築いてきました。問題があれば、一人では解決で

きないため、ネガティブな感情や弱みを見せながら、みんなと分かち合ってきたのです。

この本では何度も強調しますが、女性は「共感し合うこと」でつながりを確認し、それができない場合は、生きていけないほどの不安にかられるわけです。

女性にとって、〝共感〟がなければ、会話とはいえないのです。

極論すると、「共感するフリ」でもかまいません。共感するフリといっても難しいことではありません。女性の会話によくある「そうだよね」「わかる〜」「それは辛いよね」といったあいづちを打ちながら、相手の目を見て聞いていればいいのです。

**女性は落ち着いてきたら、聞く耳を持ちます。言いたいことは、それからのほうが、すんなり受け入れてくれるはず**です。もし女性が無茶なことを要求してきたら、穏やかに「それはできないけど、キミが言っていることはわかりますよ」または「賛成できないけれど、気持ちはよくわかりました」と言ってあげれば、女性も男性のことを理解しようと努めるでしょう。

慣れないうちは、辛いと思うかもしれませんが、女性が感情的になったり、さらに話がこじれたりするよりは、はるかにラクに切り上げられます。

女性はアドバイスも解決策も求めていません。近しい間柄だからこそ、「この人にはわかってほしい」と心の内を話すわけですが、男性はそんな間柄だからこそ、意見を言い合うべきと思い、「それは違うだろう」などと自己主張をすることがあります。

繰り返します。女性が求めているのは、〝解決〟ではなく、〝共感〟による癒やし。女性が不満やグチを言ってきたら、基本的には「話を聞いてもらうだけでもいいですからね」というメッセージと受け取ってください。

ただし、問題解決の行動を求められている場合は、速《すみ》やかに少しでも動いてくださ い。すべてが解決しなくても、「自分のために動いてくれた」というだけで女性は安心するのです。

# 女性が求めているのは、〝解決〟ではなく、〝共感〟による癒やし。

# 03

# 女性はしつこく根に持つ

「どうして、女は昔のことをほじくり返して、ネチネチと責めるのか……」

そう思う男性は多いことでしょう。

職場では、「昔、○○さんにこんなことを言われてショックだった」と何年も前の失言を蒸し返されたり、「前回はミスしたから、今度はちゃんとお願いしますね」とたった一度のミスで嫌味を言われ続けたり……。

パートナーだと、さらにひどくなり、「前もあなたはそうだった」「あのときは、すごく傷ついた」「一生、許さない！」などと感情的な言葉をぶつけているうちに、さらに怒りがヒートアップしてくるかもしれません。

男性は、過去のことを持ち出されると、理不尽に思えて、「もう終わったことだろう」と突き放したり、「はい、はい、わかりました」と適当に収めたり、沈黙したりしてしまいがちです。が、それは火に油を注ぐようなものでしょう。

女が根に持つのには深いワケがあるのです。

人間は、危険を回避するために、「もう二度とこんな目には遭いたくない」ということは覚えているものですが、女性は、その記憶を怒りや悲しみなどネガティブな感情とセットで脳内の記憶の〝貯金箱〟にため込んできたのです。

とくに、自分よりも力の強い男性に対しては、それが顕著に表れます。「この人は信頼するに値するか否か」と危機感を持って、つぶさに観察し、チェックしています。

そして、「またされたら……」といった不安の感情がふと湧いてきたときに、それが〝きっかけ〟となって、過去の記憶を引き出すのです。

はるか昔に起こった出来事も、いまこの瞬間、起こったかのようにリアルに思い出すのは、感情とセットで追体験しているからです。

## 女性の根に持つ感情を収めるための効果的な方法

女性が過去のことを持ち出したときは、「もう二度とあんな思いはしたくないから、安心させてほしい」というメッセージだと受け取ってください。

そんな負のスパイラルから抜け出すには、男性が「もう大丈夫ですから（そうだね。あのときは悪かったたね。でも、もう大丈夫だよ）」と、女性の気持ちに寄り添った言葉をかけるしかありません。

気休めのようでも、それを繰り返すだけで、じゅうぶんな効果があります。

もう一つ、女性のネチネチ攻撃を起こしにくくする方法があります。

女性は、記憶の〝貯金箱〟のなかに、ネガティブな感情だけでなく、〝うれしい〟〝幸せ〟〝ありがたい〟など、ポジティブな感情とセットになった記憶もため込んでいます。

たとえば、**職場で「困ったときに、助けてもらった」「やさしい言葉をかけてもらった」という出来事もしつこく覚えて**います。似たような状況に出くわすと、それがきっかけとなって「前もそうしてもらった」「なんていい人だろう」と過去の追体験とともに、その人の株は上がるのです。

つまり、女性が喜ぶことを、ちょこちょこしていれば、「この人は信頼に値する」という記憶があふれ出て、喜ばしい記憶は強固になり、「信頼に値しない」ということは思い出しにくくなるのです。

パートナーとの記念日を、男性が覚えていて祝ってくれると、過去の「あのときは幸せだった」という記憶とともに、さらに幸せな気分になります。

女性の怒りの感情も、信頼や愛情も、過去の記憶の〝集大成〟のようなもの。過去によくない出来事があっても、それを上回るポジティブな感情をためていれば、過去のいい記憶をたぐり寄せて、「彼なら大丈夫」と挽回《ばんかい》できる可能性は大です。

## 女性からの〝無償の愛〟は幻です

男性が望んでいるのは「そのままの自分を受け入れてくれる女性」であり、過去のことを根に持って責めたてる女性など、やさしさの欠片《かけら》もないように思えるでしょう。

しかし、なんでも受け入れてくれる〝お母さん〟のような情愛など、幻に過ぎません。

女性は、子どもやペットや植物など、自分よりも弱いものや、育《はぐく》むべきものに対しては〝母性〟を発動して、こまごまと気を配り、お世話をします。

子どもが粗相《そそう》をしても、手助けしたり、見守ったりするでしょう。

男性が病気になったり、困っていたりしたら、サポートもします。

しかし、自分よりも強いと思われる相手には、〝母性〟がちっとも働かないのです。むしろ、危険性を感じたときは感情的になり、子どものように責めてしまう。つねに女性は、男性に対して「期待」と「不安」の感情を持ちながら、その危険性を確かめているのです。

「女性なら、大きな心で許してくれる」と〝母親〟のような情愛を求める子どもっぽい男性に、女性は内心、苛立っています。

女性は、男性にとって〝お母さん〟ではなく、一生、〝女〟でいたいのです。

女性が男性よりもストレスを感じやすく、根に持つ性質をふまえて、それなりの対処が必要でしょう。

男性のやさしい言葉と行動で、女性の記憶の貯金箱をいっぱいにしてあげてください。

満足感でいっぱいになった貯金があれば、女性は許すことも、尽くすことも、厭《いと》わないのですから。

# なんでも受け入れてくれる女性の〝無償の愛〟は、幻に過ぎない。

# 04

# 女性は説明をはしょる・回りくどい言い方をする

男性は、よく女性の話に対して「わかりづらい」「回りくどい」とイライラすることが多いのではないでしょうか。

そんな女性の言葉には、本当に伝えたい気持ちや要望がはしょられているものです。

ある男性が女性の同僚に「私、風邪気味なんですよね」と言われたときのこと。心配して「薬を飲めばいいんじゃない？」と言うと、女性は突然、「なんで、そんなに冷たいんですか！」と怒り出したとか。

よくよく聞いてみると、「早く帰りたいけど、仕事がたくさん残っている。だから、どうにかしてほしい」ということだったようです。

男性は「だったら、そう言ってくれればいいのに」とため息。「風邪気味だ」と言われれば、ただ健康状態の良し悪しを言っているのだと、ストレートに受け取るでしょう。

ここで体調のことを気遣うことができたことは、もちろん素敵なことです。それができない人もいますから。しかし、女性は、やさしさや愛情があるなら、「察してくれること」は当然だと本気で考えているのです。

男性が「大丈夫？　なにか手伝えることはある？」と返せば、女性は親身になってくれていると満足したはずです。

「職場で、そんなに気を遣わないといけないの？」と思った方もいるかもしれませんね。ただ、もしも女性が体調のことや家庭の事情について、何らかの「表現」をしてきたら、「仕事が大変なのかも」と、その先を〝察する〟ことができる男性は、やはりモテると思うのです。


男女のコミュニケーションが成り立たない原因は、おもに次の二つからきています。

男性のコトバは、〝愛情表現〟を手抜きしている。

女性のコトバは、〝伝わる説明〟を手抜きしている。

男と女は、違う言語で会話をしているので、気持ちや情報の交換ができない。「言わなくてもわかるでしょ」は、コミュニケーションの怠慢《たいまん》といえるでしょう。

## 男女の間に「以心伝心」はない

女性のコトバは「察する言葉」です。

子どものころから自己主張を抑えて、周囲に合わせるように育てられ、よりよい人間関係を目的に生きてきた女性は、「察する力」がエスパー並みに発達しています。

女性同士は、「いつかのあの資料、どこ?」「あぁ、それはあっちの棚に……」というように、「こそあど言葉（これ・それ・あれ・どれ）」を多用したり、「すっごく」「ちょっと」「超かわいい」「〜みたいな?」など抽象的な表現で会話をしているもの。具体的な説明がなくても、「なにを言いたいのか」を察することができるからです。

「察知力の高いこと」と「説明が手抜き」なのは、コインの表と裏。察知力が優れているから、説明をはしょってしまうのです。

とくに、近しい男性に対しては、〝察してちゃん〟傾向が強まります。察してもらうことで、大切にされているかを確認しようとして、説明をはしょったり、心とは裏腹なことを言ったりします。

「お腹空きませんか？」⇒本心「そろそろ仕事をやめて帰りたいです」

「まぁ、いいですけど」⇒本心「まったくよくないんですけど」

「もうなにもしなくていいです」⇒本心「なにもしなかったら許しませんから」


というように、ついつい「察して発言」をして、事態が悪化していきます。

男性のコトバは「情報を伝える言葉」です。回りくどい言い方だと、目的を達成できないために、そのまま、ストレートに伝え合う。〝察してちゃん〟のことが、依存心が強く、幼稚に思えるかもしれません。

男女の間に「以心伝心」はありません。男性は〝愛情ある表現〟、女性は〝ストレートでわかりやすい表現〟で伝えないかぎり、相手には届かないのです。

とくに、日本の女性たちは、自分の気持ちを言葉にしない傾向があるようです。

日本と海外の会社で働いてきた男性がこんなことを言っていました。

「海外の女性は不満をしょっちゅう言っているけど、だんだん『なにをしてほしいのか』、言わなくてもわかるようになって、仕事もスムーズにいくようになる。日本の女性は不満をあまり言わないから、男は問題がないつもりでいても、だんだん態度がよそよそしくなって、ある日突然、もうムリですって言われるから、混乱するよ」

女性が気を遣って「言わないこと」で、逆に関係をこじらせたり、ものごとを悪化させたりすることは、あらゆる関係において起きているようです。

女性の働く環境が整わないのも、管理職が増えないのも、女性が「こうしたい」「こうしてほしい」とハッキリ言わないことが大きな原因でしょう。

女性が「口に出して説明すること」に慣れていくのはもちろん、男性も「察すること」に慣れていく必要があります。どちらも、歩み寄りが必要です。

男性のなかでも、仕事ができる人は、ほとんど「察知力」に長《た》けているといってもいいでしょう。相手がなにを求めているかを察して、「たぶん、こんなことを言ってほしいんじゃないか」「こんなリアクションをしたら喜ぶんじゃないか」と動ける人は、女性だけでなく、男性の心もつかみます。

わからなければ、ときどき「大丈夫?」と声をかけてあげるといいでしょう。

仕事も、家庭も、人間関係が9割。たとえば、〝自分商店〟を開いているとして、どんな相手のことも、〝お得意さん〟で「なにを求めているか?」を考えてみると、男性の察知力も、女性の説明力も高まるのではないでしょうか。

# 男性のコトバは、
# 〝愛情表現〟を手抜きしている。
# 女性のコトバは、
# 〝伝わる説明〟を手抜きしている。

# 05

# 女性はなにかと細かいことに気づく

女性は優れた「察する力」があると書きましたが、言葉だけでなく、相手の声のトーン、表情、しぐさ、行動、小さな変化など、さまざまな細かいことに気づくのが得意です。得意というより、気づいてしまう、目に入ってしまうのだから仕方がありません。

よく「女の勘はよく当たる」とか「男の浮気はすぐバレる」などと言いますが、優れたセンサーによって集めた大量の情報のなかから、一つの答えを導き出しているのです。

かつての同僚だった女性に、「A企画はたぶん、うまくいかないから、やめたほうがいい」とか「もうすぐ、△△くんは辞めるわね」と、まるで預言者のような人がいました。「まさか」と思うようなことも、現実になってしまうのです。

また、ある知人は匂いから、パートナーが「どこに寄って帰ってきたのかがわかる」とか。数軒あるコンビニのなかでも、どのコンビニに寄ったのかまでわかると言います。

ただ、すぐれた情報処理能力を持っているのにもかかわらず、論理的に説明するスキルがないために、「ただなんとなく、そう思った」「ピン!ときた」「インスピレーションで」といった言葉で片づけてしまいます。

そんな女性の言葉は、男性にとっては、説得力に欠けるでしょうが、女性の「なんとなく」を甘く見てはいけません。

女性の察知力は、いわば、危険察知センサーのようなものなのです。

それに一目《いちもく》置いている男性は、女性の声に耳を傾け、うまく活用しています。

お局《つぼね》さんや年配のパートさんなど、厳しい目でアドバイスや指摘をしてくれる女性を確保していることもあります。「彼女が気づいてくれたから助かった」「彼女の意見に従っておいてよかった」ということも多いのです。

## 男性の視野は狭くて遠い、女性の視野は広くて近い

これだけ察知力がある女性ですが、仕事では伸び悩むことが多々あります。経営者、研究者、職人など優れた仕事人には、男性のほうが圧倒的に多いのも事実です。

はたして、女性は能力が低いのでしょうか？

アメリカのある研究で、男性、女性に「一定時間に同じ勉強をさせて、テストをする」という実験をしたところ、平均して女性のほうがいい点数をとったといいます。理系、文系、どちらの勉強においても、女性は男性よりも優れていたとか。

ただ、女性は一つのことだけに目を向け続けることができません。

デパートに買い物に行くと、男性はまっすぐに目的の場所に向かいますが、女性はそこに行き着くまでに、あれこれと寄り道をします。

同じように、仕事だけでなく、家庭のこと、人間関係、ファッション、趣味や遊びなど、さまざまなことに目を向けます。仕事をしながら、夕飯の献立や恋愛の悩みを考えることもあります。家では、子どもを見ながら、料理を作り、洗濯機を回し、テレビをチェックする……と、同時にいくつもの並行作業をすることもあります。

男性は、一つのことにのめり込むと、服を着替えることも、食事をすることも、片付けることもそっちのけで、ひたすらやり続けるでしょう。

女性は「能力が低い」のではなく、「男性と同じようにやれない」だけなのです。

男性は、一つのことに没頭すると、圧倒的な力を発揮しますが、女性から見ると、バランスを欠いていて、「気が利かないなぁ」ということがあります。仕事でもミスや抜けが多く、ときに的外れなことをしていることもあります。

男性管理職からよく「女性はきっちりと仕事をしてくれるが、伸び悩む。責任のある仕事を任せようとすると腰が引ける」といった声が聞かれます。

女性はあれこれ気が回るために、与えられた仕事を抜かりがないように仕上げます。しかし、何年か経ち、リーダー的な立場になると、男性のほうがぐんぐん力を発揮していく。細かいことにとらわれない分、長期的、俯瞰《ふかん》的な視点で、ものごとが見えていることが大きいでしょう。

女性の視野はさまざまなことに気がつくようにできていますが、それは目の前のこと。身近な範囲でがちゃがちゃとやっているだけ。

長期的に自分がどうなっていくかイメージできず、男性リーダーのやり方を見て、

「あんなふうにはできない」と行き詰まるのもムリからぬことです。

「これまでとまったく違うどんなやり方でもいい」と言うと、女性なりの働き方、結果の出し方が見えてくるかもしれません。男性、女性の得意とする能力を踏まえた役割分担ができると、お互いに補い合い、力を発揮することもできるでしょう。

それぞれ、見ているものが違うから、団結すると、大きな力になるのです。

また、現代の女性は、仕事や家庭、学び、人間関係など目を向けることが多く、ストレスを抱えやすい傾向にあります。人の欠点や悪意、矛盾点などにも、あれこれ気づきすぎてしまう……。

そんな切ない女性の事情をわかって、男性が話を聞いてあげたり、いくらかの役割を引き受けたりするのは、女性を助けていくことになるのです。

# 06

# 女性はグループをつくって群れたがる

女性は、どんな場所でも、〝グループ〟をつくる生きものです。

「いやいや、男性も組織のなかで派閥をつくる」と言われそうですが、女性と男性の〝グループ〟は、目的と性質がまったく異なっています。

男性のグループというのは、おもに権力争い。男子中学生が不良グループをつくるのも、組織内で尊敬できる人についていくのも、異業種交流会でつながるのも、「目的が同じ」「考え方が同じ」などのフックがあって、自分の力を強くしたり、成長したりするためのものでしょう。

これに対して、女性のグループは、言ってしまえば、自分を守ってもらう〝互助会〟のようなもの。女性は無意識に「女は弱く、一人ではもっと弱い」とわかっています。一人でいることや、仲間外れにされることには、生きていけないほどの恐怖心があり、グループの一員として、安心できる居場所が欲しいのです。

女子中学生が連れ立ってトイレに行くのも、会社のなかでお局さんを中心とした派閥があるのも、ママ友たちがランチ会を開くのも、「みんな一緒だよね〜」と〝共感〟でつながるから。慰め合ったり、一緒に問題を解決できたりと、助け合う心強い関係になっていきます。女性にとって「一緒だねー！」は、得も言われぬ快感なのです。

そんな共感でつながっている女性の結束は強固。情報ネットワークが発達しているため、なにかの課題があると、あちこちから情報を集め、ささっと役割分担をして手際よく処理します。だれかが困っているときは、「明日は我が身」と積極的に助け合います。

〝共感〟でつながるのですから、「独身と子持ち」「正社員とアルバイト」など、属性の違う相手とはつながりにくく、「ママ友同士」「シングル同士」「仕事仲間」など気持ちが通じ合う者同士で仲良くする。しかし、その属性がなくなると、「昔はあんなに仲良くしていたのに……」と縁遠くなるという性質もあります。

## 女性は不満があると、団体で反撃してくる

さて、「女が団結すると怖いよなー」と感じている男性も多いでしょう。

はい、そのとおり。女同士は「強い男にはみんなで対抗しよう！」と団結します。

職場で女性たちが気に入らない男性がいると、悪口を言い合い、悪態をつくこともあります。一人ひとりの女性はやさしくても、「赤信号、みんなで渡れば怖くない」で、集団になると、女性の攻撃的な面が出てきやすいのです。

職場で女性たちが不満に思っていることがあると、まるで公開裁判のように上司を追い詰めたり、家庭で夫婦の意見が対立すると、妻と娘が一緒になって、夫を悪者にしたり。「女の敵」と認定された男性には、すさまじい制裁が待っています。

女性がよく使う「みんなそう思ってます」「○○さんもそう言っていました」といった言葉は、群れの力をよく知っているがゆえの言葉。一人では戦えないからです。

そんな女性軍団に反撃するのは、無駄な抵抗。理詰めの戦いは、女性には通用しません。たとえ、権力にものを言わせて従わせたとしても、女性たちが嫌悪感を持っている以上、なにかしらの攻撃は続きます。共通の敵をつくるほど、団結力は強くなるのです。

ここは、おとなしく「それはたいへんだったね」と共感を示し、寄り添ってあげてください。女性たちは「この人は話のわかる人」だと思うだけで、攻撃の手をゆるめます。女性集団には「負けるが勝ち」です。

女性集団には、決まってリーダー的な存在がいるので、そんな女性を味方につけておくのも、防御策としてはありです。一致団結して男性を助けることにもつながります。

もっとも注意しなければいけないのは、お気に入りの女性だけに肩入れすること。女性をほめるのは結構なことですが、一人の女性ばかりをほめたり、だれかと比較してほめたりすると、ほかからの反発は必至。「前任者は気が利いた」などと、だれかと比べて落とすのも、女性をたいへん傷つける行為です。

**女性は「比べられること」が大嫌い**なのです。ただし現実には、一人の女性を「この人は優秀だから」と判断して、目をかけてあげることは、往々にしてあるものです。その場合でも、できるだけほかの女性を平等に扱い、どんな女性も手助けしようとする姿勢を見せておけば、悪いようにはならないはずです。

## 女性は横社会で嫉妬する

女性軍団は無敵の砦《とりで》のようですが、一人ひとりになると、弱い面を持っています。

また、その集団のなかには、女性ならではの苦悩があるのです。

男性が〝縦社会〟を軸にグループや人間関係をつくるのに対して、女性の関係は〝横社会〟が基本。「合わせなければ」という呪縛《じゅばく》から、行きたくもないランチにつき合ったり、意見を引っ込めたり。「みんながそうするから仕方ないか……」という場面が多々あります。グループが二つ以上になると、派閥争いも起こります。

女性はつねに、ほかの女性と自分を無意識に比べていて、自分よりも「少し格上の女」は妬《ねた》み嫉《そね》みの対象になりやすいもの（比較にもならない別格の女性は嫉妬されません）。

マウンティングをして、自分が上だと示したいがために、話のなかになにげに自慢を盛り込んできたり、幸せそうにしている人や、仕事がうまくいっている人に嫌味を言ったり、足を引っ張ったりと、「女の敵は女」であることのほうが多いでしょう。

そう、女の集団は、じつは女にとっても面倒。ジワジワと疲れてきて、「一人でいるほうがずっとラク」と〝一匹狼〟を選ぶ女性も増えています。

女性同士がごちゃごちゃと揉《も》めているときは「触らぬ神に祟《たた》りなし」で傍観していてください。親切心で首をつっ込むと、男性にも火の粉がふりかかってきます。

女の嫉妬は怖いといいますが、一方で、私は仕事における「男性から女性への嫉妬」もかなり恐ろしいものだと思っています。

働く女性からよく聞かされるのは、「男性からの嫉妬はすさまじい」「女性が出る杭《くい》になると、激しく打たれる」というもの。「かわいい女子」であるときは、なにかと手助けしてくれるのに、出世競争や、権力や利益を奪い合う〝ライバル〟と見なすと、どんな見苦しい手を使ってでも、蹴《け》落とそうとする男性がいるのは事実。下手すると、会社や業界から締め出すようなことまでやってのける人もいます。

しかし、ほとんどの女性は、男性をライバル視していません。競争することがあっても、どこかで「男と女は同じ土俵では戦えない」と思っているからです。

だから、仕事で自分よりも能力があったり、評価されたりする女性を、「すごいね」「よくがんばっているね」と認めて、できることなら、応援してあげてください。

それだけで、逆に男を上げ、女性からの評価はぐんと高まりますから。

# 07

## 女性はささやかな幸せを、たくさん味わいたい

女性は1回の大きな幸せよりも、毎日の小さな幸せが続くことが大切と考えています。

男性は、毎日が辛いものであっても、営業成績が目標をクリアすること、昇進できること、家を買うことなど、なにかを達成することで幸せを感じるのではないでしょうか。

女性の幸せというのは、大変ささやかなものです。スイーツを食べること、お風呂にゆっくり入ること、お気に入りのテレビ番組をくつろいで観ることなど、「あ～幸せ～」という瞬間が、1日のあちこちにあることで、毎日を乗り越えていけるのです。

昔からなにかを獲得するために生きてきた男性、家を守って日々の生活を豊かにしようとしてきた女性、幸せを感じるポイントも違うのです。

男性から見ると、女性はある意味、欲張りに思えるかもしれません。

外食をするときも、一皿にちょっとずつ、いろんな惣菜《そうざい》が乗ったワンプレート料理を頼んだり、二人で別々のものを頼んでシェアし合ったりするのが大好き。願わくは、雰囲気がいい店がいい、会話も楽しみたいと、さまざまな幸せを求めます。

対して、男性はラーメン、牛丼、カレーなど一品でも、美味しくて、量がたっぷりあれば満足するでしょう。雰囲気や会話のことまで考える男性は、少ないものです。

「なにを食べに行く?」で対立したときは、「前回は僕に合わせてもらったから、今回はつき合うよ」「こんな雰囲気の店、好きでしょ」とお互いの歩み寄りが必要でしょう。

ともかく、女性を喜ばせるには、小さな幸せをちょこちょこと感じてもらうこと。前述したように、〝ママ〟に気にかけることはもちろん、「心地いい環境」をつくってあげることも、女性が日々幸せを感じることにつながります。

いまや男性も女性も「安定した会社で働きたい」という安定志向がありますが、男性はステータスや収入の安定が重要なのに対して、女性にとっては、福利厚生がいい、子育てをしながら働ける、休みがとりやすい、人間関係がいいなど、働きやすい環境であることが重要。

制度はなかなか変えることができなくても、雑談を楽しむこと、有休をこころよく取らせてあげること、負担の大きい仕事はサポートしてあげることなど、「心地いい環境」づくりのためにできることはあるのではないでしょうか。

## 女性は結果よりもプロセスを重視する

営業職の女性がこんなことを言っていたことがありました。

「1日1日できる限りのことをやっても、契約がとれなかった。上司は『結果がすべて』と責めるけど、がんばったことを少しぐらい認めてくれてもいいのに……」

男性は「結果が出ないと、意味がない」とすぐに判断してしまいがちです。

でも、本当にそうでしょうか？

女性は「プロセスにこそ、意味がある」と考えます。

結果が出せない状況をたとえるなら、なにかのスポーツで「今日はよくがんばった」という充実した練習を重ねても、試合には勝てなかったようなもの。それでも、「やれるだけのことはやった」と後悔はありません。

そんな満足感や自信こそ、次へのモチベーションにもなるのです。

利益中心の会社では、結果を出すことがすべてのようですが、人間的な幸せを軸に考えると、それがすべてではありません。

日々のコツコツとしたプロセスがなければ、結果も出ないでしょう。

女性がプロセスを省略されるのは、男性にとって、苦労して出した結果を女性から「たったそれだけ？　たいしたことない」と言われるくらい、悲しい〝否定〟なのです。

また、恋愛や結婚で、よく女性は「彼、釣った魚に餌はやらないのよ」などと嘆きますが、いかにも目的を達成したらよしとする結果主義的な行動でしょう。

女性は「日々、餌を与え合うこと」こそが大事。見えないところで、男性のためにおしゃれをしたり、スキンケアを念入りにしたり、食事の栄養バランスに気を配ったりしていても、それに気づく男性は少ないのではないでしょうか。

部下や同僚、恋人、妻などの〝結果〟だけでなく、〝プロセス〟にも目を向けて、ひと言添えてみてください。女性は、報われた気分になって、あなたの男性としての株は急上昇するはずです。

## 女性は変幻自在に、自分を変えていく

日々の生活を豊かにしようと生きる女性にとって、収入や肩書は二の次。やっていて楽しく、自分という個人を〝表現〟できる仕事がしたいのです。「どんな組織でどんな立場か」「どんな功績を残せるか」よりも、「どんな自分になれるのか」「どんなことができるのか」に興味があります。

現代の女性が自分探し、自分磨きに熱心なのは、「女はこう生きればいい」という標準コースがなくなり、自分をどう表現していいか、わかりかねているからでしょう。自分の価値を高めないと、〝存在〟を認めてもらえないという強迫観念もあるほどです。

一つの仕事、一つの組織でパワーをつけていく男性に比べて、女性は仕事や生活の拠点を変えることも柔軟。コミュニケーション力も高いため、すぐにそこの人たちと仲良くなって、変幻自在に自分を変えていきます。

ただ、察知力と柔軟力の高さゆえに、その場に合わせようとムリをしていることもあります。とくに女性は、職場でも、家庭でも、良くも悪くも男性に合わせて、影響を受けやすいのです。

私はかつて、ある職場で「女だからといって、甘えないでほしい」と言われて、男性の体育会系ルールに従った結果、体を壊して退職したことがありました。

女性からすれば、「なんか無駄なやり方をしてるなぁ」とか「この方向性はおかしい」と思っていても、それを変えていくのは、おそろしくエネルギーがいります。だったら、従ったほうがラク……となってしまうのです。

男性にお願いしたいのは、女性を「枠にはめないでほしい」ということ。いえ、男性にそのつもりはなくても、女性をなんとなくコントロールしていることがあるのではないでしょうか。とくに、政治や公的機関、大企業、メディア関連など、社会に影響力のある組織ほど、女性のムリの上に成り立っている状況が多々あるのです。

「仕事とはこんなもの」「家庭とはこんなもの」といった枠を取り払って、女性の声に耳を傾けてみてください（自分からはなかなか言い出せませんから）。女性は発想力も豊かなので、思いがけないアイデアや解決策が出てくるかもしれません。

そして、女性の能力を見つけてあげたり、「この仕事は○○さんじゃないとできないね」「キミがいてくれて助かった」などと言ってあげたりするだけでも、女性は居場所を見つけて、自分を〝表現〟することができます。自分の存在価値を認めてくれた男性は、特別な存在になるでしょう。

女性が、幸せそうにしている場所は、男性にとっても心地いい場所になるはずです。

# 女性を喜ばせるには、小さな幸せをちょこちょこと感じてもらうこと。

# 第2章

# こんな男の言葉と行動が女性に嫌われている

# 01

## 「いや、そうじゃなくて～」

女性の話に
必ず否定形で返す男

　ある会社で、女性陣から避けられている男性上司がいました。

　悪い人ではないのに、「いや、そうじゃなくて～」とまず否定から入る口グセに、まわりはつねにストレスを感じていたのです。

「今日のプレゼンはうまくいきましたね」

「いや、そうじゃなくて、僕がうまくいかせたんですよ」

　という具合。「いや、そうじゃなくて病」は大抵どうでもいい自己主張をするときに起こります。しかも、否定するコメントがズレたり間違ったりしていることもあり、それを否定するのも面倒なので、女性は口をつぐみ、ただ嫌な空気が流れることになります。

　こんな会話もありましたっけ。

「A社の営業さん、感じがいいですよねー」

「いや、そうはいっても、まだ新人だろ」

「さあ……。元気がいいところが新人っぽいですね」

「でも、元気なヤツほど仕事はできないというからね」

「……」


言葉を次々に否定された女性たちは、うんざりしてきて、なにも話したくなくなります。男性上司が近くに来るだけで、条件反射のように避けるようになったのです。

このように「いや」「でも」「そうじゃなくて」といった否定形を無自覚に使っている男性は、意外に多いもの。女性同士でも否定形から入る会話はありますが、その場合、「仕事、忙しいよー」「でも、がんばっているから偉い！」というように、「うん、うん」「だよね」「それに」という意味の〝つなぎ〟として使っている場合がほとんど。

ところが、男性の「いや」や「でも」は、そのあとに続く言葉が、ガチの否定だったりします。たとえば、同僚の女性との会話で……、

**「お客さんからのクレーム対応、心が折れそうになります……」**

×「でも、お客さんて普通、文句を言うもんですよね」

という調子で、女性のコメントをバッサリと否定してしまうのです。

頼んでもいないのに、「むずかしく考えすぎじゃない？」「とりあえず謝っとけば」などと原因や対策を考えてあげるのも、男性がやりがちなNGパターン。

自分の言葉を否定された女性は、その瞬間、「この人にはなにを言っても無駄だ」と、心のシャッターをガラガラと閉めてしまうでしょう。場合によっては、怒りをにじませて、「自分なりにちゃんとやっています！」などと応戦してくるかもしれません。

だからといって、次のような言い方も危険です。

△「あー、わかります、わかります。クレームって嫌ですよね」

やったことがない人にわかったように共感されても、本当に困っているときは、「わかってくれてありがとう！」という気持ちになれないもの。

あきらかに、未経験のこと、その立場に立ったことがないものに対しては、「(自分にはわからないけど) ○○さんがそう言うなら、いろいろと面倒なこともあるんでしょうね」など、自分の立場から寄り添うことがポイント。

女性の顔がほっこりほころぶのは、次のコメントでしょう。

○「クレーム対応って、確かにたいへんですよね。ほんと、がんばっていると思いますよ」

ちょっと考えながら「確かに、そうですね」「それはそうだよね」とさらりと共感する。さらに「よくがんばっている」「ありがとう」と労《ねぎら》いや感謝の言葉をかけてあげると、女性は報われた気持ちになり、「がんばります！」と前向きな笑顔になるはずです。

女性がグチを言っているときに、男性によくある勘違いは、「自分は責められている」と思ってしまうこと。だから、「僕だってたいへんなんですよ」と対抗した言い方をしたり、「え？　手伝えってこと？」とキレ気味に返してしまったりします。

しかしながら、女性は雑談においては、そんなことは求めていません。

「ただ、話を聞いてほしい」「気持ちをわかってほしい」、それだけなのです。

## 女性のおしゃべりには、共感することがルール

男性の会話が、「どちらが正しいか」「どうすれば解決するのか」といった〝議論スタイル〟であるのに対して、女性同士の会話は、「わかるー」「私もそうだよー」といった〝共感スタイル〟です。たとえば、女性同士の会話はこう。

「あら、今日のワンピースの色、素敵」
「ほんとですか？　春になると、明るい色で気分を盛り上げたくなりますよね」
「わかる、わかる。朝晩寒いのに、つい薄手の服を着たりして」
「そうなんですよ。この時期、着るものに悩みますよねー」……。

というように共感しながら、まるで連想ゲームのように、一つのワードから話がふくらみ、延々と〝おしゃべり〟が続きます。最終的な結論やオチがなくてもいいのです。

ただし、女性のおしゃべりのルールは「相手に共感すること」。「いや、それは違う」などと相手の言葉を否定しては、途端につまらなくなって、ゲームオーバー。

だから、女性の「そうそう」「うんうん」「わかる」「私も」といった共感の言葉は、意外に軽くて、心では「私はちょっと違うけど」と思っていても、言葉では「だよね～」と共感することがあります。

さて、ここまで読んで、こんなふうに思った男性もいるのではないでしょうか。
「本音を言わず、相手に合わせるだけなんて、気持ちの悪い会話だなぁ」

「親しい間柄だからこそ、正直な気持ちを言うことが大事」

「違う意見があるから、いい結果が生まれる」

もし、そんなふうに思っていたとしたら、それこそが「自分の意見が正しい」「意見をぶつけ合うべき」という勝負モードの〝議論スタイル〟がしみついてしまっていることを自覚してください。

もちろん、男性の〝議論スタイル〟の会話がいけないワケではありません。議論をしたり、問題を解決したりするときには大いに役立ちます。が、それは女性の〝共感スタイル〟とは真逆のスタイルであり、すれ違いを生む原因になるのです。

冒頭の「いや、そうじゃなくて〜」も、典型的な〝議論スタイル〟の会話。そんな会話ばかりをしていると、女性は男性に対して「やさしくない人だ」と感じてしまうでしょう。男性からすれば、「相手を正してあげることこそやさしさだ」と思っていたとしても。

## 「共感＝同意」でなくていい

では、どうすればいいのか？　軽々に「自分もそう思う」「きみの言うとおりだ」など言えないこともあるでしょう。間違えないでいただきたいのは、「共感＝同意」ではないということです。

「同意していないのに共感するなんてムリ」という男性は、つねに「正しい・間違っている」と相手をジャッジ（評価）するクセがついているのではないでしょうか。だから、「それは違う！」とムキになって反論する……。

しかし、その「正しさ」は本当に正しいのでしょうか。

女性は「正しい・間違っている」と評価されることを求めているわけではありません。「〝あなた〟がそう思ったことはわかった」と気持ちを汲んでもらえれば、それでいいのです。

もう一つ、簡単な練習問題をしてみましょう。

同僚女性から上司のグチを聞かされたとします。

**「〇〇部長の指示がコロコロ変わるから、振り回されてばかりですよ」**

**×「いや、僕はそんなことないと思いますけど……」**

これは相手をジャッジしているということ。自分は意見が違う、一緒になって悪口を言いたくないといった気持ちもあるでしょうが、まともに反論しては、女性との会話はかみ合わないだけです。

## ○「指示が変わると、結構たいへんですよね」

ここは、〝感情のオウム返し〟で、「それはたいへんだね」でOK。賛同できなくても、共感する（気持ちに寄り添う）だけで、女性は救われるのです。

ここで言う「共感」とは、「正しい・間違っている」「賛成・反対」と評価することではなく、「あなたがそう思っていることはわかった」と寄り添うことです。

女性はただ、自分の〝存在〟をわかってほしいだけなのです。

そもそも、「正しい・間違っている」とジャッジしなければいけないことは、日常会話ではほとんどないのではありませんか？

まずは「いや」「でも」「そうはいっても」と言っていたところを、意識して「うんうん」「そうだね」「わかるよ」と言ってみてください。女性の顔色が明るく変わるのを実感できるだけでなく、あなた自身がいちばん気分よくなっているはずですから。

労いや感謝の言葉を
かけてあげると、
女性は報われ、
前向きな笑顔になる。

# 02

## 「ごめん、ごめん」

言い訳男と
適当に謝り、
誤魔化す男

女子会でよく盛り上がるのが、この話題。

「男ってどうして謝らないのかしら」

または、謝ってもまったく反省しているように見えないということ。

「うちの上司は仕事でミスしても、自分の非をぜったいに認めない」

「夫は結婚して10年間、ケンカしても一度も謝ったことがない」

「『ごめん、ごめん』って軽く言われても、謝られている気がしない」

というように、女性たちのグチはやむことがありません。

このすれ違いも、男性と女性の謝罪に対する〝コトバ〟が違うことに原因があります。

男性にとって謝ることは、プライドをかけた戦いで〝敗北〟を意味すること。

「謝ったら負け」という気持ちがあるのではないでしょうか。

しかし、勝ち負けのプライドなんてどうでもいい女性にとって、「ごめんなさい」は「おはよう」の挨拶と一緒。謝ったところで「相手に負けた」なんて思いません。その場を切り抜けるための、軽い言葉なのです。

1ミリでも自分に非があれば謝るし、大人の女性であれば、まったく非がなくても、軽く謝ってその場をおさめようとします（なかには、「私は悪くないもん！」と意地を張って謝らないコドモ女子もいますが）。

ときに男性は、自分のミスや間違いを「わざわざ謝らなくても許してくれるだろう」「そのうち忘れてくれるだろう」と済ませることがありますが、女性が沈黙している間に、関係がこじれる方向に進んで、自分の立場を悪くしていることに気づいていないのです。

女性たちは、男性が謝るかどうかをちゃんと見ています。謝らなかった場合、「私のことは全然、考えてくれないんですね」と心の奥に不満がたまり、だんだん態度に出てきます。

男性が謝りたくないばかりに、〝言い訳〟をするのも逆効果。それで許されるわけではなく、逆に、「そんなの、おかしいでしょう？」と追及の手はきつくなっていきます。まるで、犯人を追いつめる女性検事のように。

たとえば、折り返しの連絡を長時間しなかったことを「いろいろ忙しかったから」と言い訳する男性は多いものですが、大抵は「どんなに忙しくても、電話一本くらいは入れられるでしょう！」と反撃されるはずです。

女性は、言い訳をする男性に対して、一気に戦闘モードになってしまうのです。パートナーであれば追い詰めすぎて、男性も逆ギレし、激しいケンカに発展するのは、よくある話。

ともかく、どんな理由があっても、女性が嫌な気分になった事実があるのなら、まずは、男性から「嫌な気持ちにさせて申し訳なかった（上級者→心配させてごめんね）」というように謝ってください。男性としては「恥ずかしい。言いにくい」と思うかもしれませんが、勇気を持って口にすれば、あなたの株は急上昇します。事情説明はそのあとでもいいのです。

女性にとって、男性の「申し訳ない」「ごめんね」は、「間違っていることを認める」

云々ではありません。「あなたがそう思っている気持ちはわかった」「あなたの〝存在〟を認める」と自分に目を向けてもらうことなのです。

## 謝って一件落着を図る男の流儀と、謝るだけでは済まない女の流儀

また、謝ってくれたとしても、男性の謝罪というのは、心に響かないことが多いもの。まるで謝罪会見のような一方的な謝り方か、機嫌を損《そこ》ねた女性を「謝ればいいんでしょう?」となだめているような謝り方になっているのです。

たとえば、ちょっとした失言で女性を怒らせたとしましょう。

女性のふくれた顔を見て、「悪い、悪い。冗談がわからないかなぁ」とか、「ごめん、ごめん。そんなことで怒らないでくださいよ」と謝っても、あまり機嫌は直らないでしょう。

謝り方については、あとで詳しくお伝えしますが、ここでも、**相手の気持ちに寄り添った〝共感〟する謝り方であることが大事**。先ほど述べたように、「ごめん」という言葉は、女性にとっては単なる礼儀。挨拶と一緒で、それほど重くないことを理解すべきでしょう。

男性は女性に謝った〝形式〟だけで、「これで禊《みそぎ》は済んだ」と思っています。

しかし、女性は「謝って済むことではない」とまったく納得していません。

「ごめん」のひと言で、女性の「マイナス10」ポイントだった怒りや悲しみが、「マイナス9」とか「マイナス8」ポイントにはなるでしょうが、罪が帳消しになったわけではないのです。

男性がパートナーに対して「それはもう済んだ話」「謝ったからいい」と思っている過《あやま》ちを、「あのときも、あなたはそうだった。私はすごく傷ついたの」と、女性が何年、何十年もしつこく覚えているのは、心の負債がまだ残っているからでしょう。


謝って済まないなら、一体どうすれば女性の機嫌は直るのかと、困惑している男性もいるかもしれませんが、それほどむずかしいことではありません。

**プラスのポイントで挽回すればいい**のです。

まずは、「面倒をかけて申し訳なかった」と共感しつつ謝ることで、プラス1ポイント。「これからは、こうするよ」と対策を示すことで1ポイント。それを実行することで1ポイント。「ありがとう」を言う、お菓子をプレゼントするなど、なんでも構いません。女性が喜ぶことなら、なんでもポイントがつき、すぐに挽回できます。

注意すべき点は、大きいこと、ムリなことをしなくてもいいということ。大きさにかかわらず、喜び1回につき、1ポイントです。

そのポイントを日ごろ、コツコツとためていくうちに、女性がご機嫌になったり、好意的に接してくれたりするのを実感するはずです。

まずは、女性の気分を害することがあったら、「嫌な気持ち（不快な気持ち・悲しい気持ち）にさせて、申し訳ありません（ごめんね）」のひと言を。

「言いにくい」のは重々承知していますが、そのほうが女性から見れば、「男らしく、度量がある」と評価されることは間違いありません。

# 女性たちは、男性が謝るかどうかをちゃんと見ている。

# 03 「いま、それを話す必要があるの？」

分が悪くなると、問題から逃げる男

質問です。

「あなたは、女性が感情的になにかを訴えてきたとき、どんな態度をとっていますか」

次の3つから選んでください。

① 女性の話を、とりあえず最後まで聞く
② 互いに言いたいことを言って話し合う
③ ラチがあかないので、いったんその場から離れる

正解があるというわけではありません。ただ、傾向として言えるのは、男性がよかれと思ってとりがちな行動が②と③であり、それこそが、女性をさらに感情的にさせ、

事態を悪化させているということです。

②は、一見、フェアな話し合いのようですが、成熟したコミュニケーションでないかぎり、だんだん感情的になってくるはずです。女性を納得させるには、それまでに築いた信頼関係と、ちょっとしたテクニックが必要です（第5章で詳しくお伝えします）。

③のように、男性が「女が感情的になっているときは、まともな話し合いができない」と席を立つのはよく見られる光景です。が、じつは、この〝逃げ行為〟が女性の感情の火に油を注ぎ、もっとも炎上させる行動といえます。

「その話はまた今度」「いま、それを話す必要があるの？」「今日は忙しいから」などと言って、男性が一方的に話を切っていなくなると、女性は一人放置された状態。男性としては、あとで冷静になってから話せばいいと思っているのでしょうが、女性は「その場からいなくなる＝逃げた」と考えてしまうのです。

**女性にとって「逃げる男」は、「攻撃する男」以上に許せない**存在かもしれません。向き合うことすらしてくれないのですから、「私はどれだけ大事にされていないんだー！」と心がズタズタになり、攻撃性、凶暴性を帯びてくるのです。

いつもは知的で冷静な心理カウンセラーの友人は、恋人がケンカの最中に「もういいよ」とキレていなくなったとき、逆上して何十回と電話をかけ続け、「帰ってきなさいよ」「どうなるかわかってる?」「私、死んでやるから」と脅迫し、恋人の家の前で深夜まで待つほどヒートアップしてしまったとか。

心のことを熟知している人間でも、自分の欲求に歯止めが効かなくなってしまう……。「逃げる男」というのは、それほど女性の心をえぐる存在なのです。

## 受け身の女性を「放置」してはいけない

女性から見て、男が「逃げている」と感じる機会は、意外に多いものです。

たとえば、次のような〝逃げ行為〟があります。

- 聞かれた質問に答えない、または、的外れな返答
- 忙しいからと話を途中で打ち切る
- 仕事や家事を押しつけて知らんぷり
- 頼まれたことを放置している
- SNSを既読スルーする

男性にとっては、それほど意識していない行為でも、女性は「逃げないでよ――」

と感情が激しく高ぶることもしばしば。たとえば、男性は電話を途中で切ったり、既読スルーしたりすることで返事が済んでいると思うかもしれませんが、女性はちゃんとした返事がないかぎり、「放置されている」と受け取ります。

もともと、女とは〝待つ性〟、受け身の性です。古来、男性が求愛してくれるのを待ち、食料を持って帰るのを待っていた女性にとって、逃げる男性は自分の存在価値を脅かすようなもの。著しく心を傷つけます。**待つことは不安でたまらないのです。**

男性の性質をよく理解している大人の女性であれば、「あら、男ってそんなものよ。必要があれば、そのうち近づいてくるでしょう」と余裕で待つことができるのでしょう。

しかし、多くの女性たちは、無意識に「大切にされていない＝女性として扱われていない」と感じつつ、あれもこれもと抱え込んだり、自分一人で決断をしたりして、さらなるストレスが生まれていきます。

つまり、女性は放置されているうちに（男性の自覚がない場合が多数）、ストレスと男性への恨みがましい気持ちが積み重なっていくわけです。

## 女性を不安にさせないために「逃げる男」にもルールがある

女性の不安や怒りを鎮《しず》めるためには、①の「女性の話を、とりあえず最後まで聞く」ことがいちばん有効です。

「気持ちを吐き出したら落ち着く」という女性の性質をよく熟知した男性たちは、大抵この手法をとります。しかし、「話が延々と長くて困る」「一方的に言われっぱなしでは、こっちのメンタルをやられる」ということもあるでしょう。

そもそも男性と女性は、「話し合い」についてのとらえ方が異なるのです。

先にも述べたように、男性にとって「話し合い」の場とは、意見を戦わせて「正しい・間違っている」「いい・悪い」をジャッジする議論の場。対して、女性は自分の気持ちを納得させるための場だと考えています。

女性は納得するまで「どうして？」と質問を繰り返して、とことん話そうとするワケですが、男性は「あなたが悪い」と責められているようで、いたたまれず、その場から走り去りたくなるのでしょう。そんなときに有効な〝逃げる方法〟があります。

女性が感情的になにかを訴えてくるとき、ある程度、話を聞いたうえで、「よく考えてみたいので、2、3日、時間をもらえますか？」と伝えるのです。

逃げるにも流儀があります。「〇〇まで、待ってもらえますか？」と言えば、女性は「放置されている」という感覚にはなりません。

数日後、「まだ結論は出ていないんですけど……」と女性に言っても、「ちゃんと考えてくれた＝大切にされた」という満足感で、悪いことにはならないでしょう。

仕事を任せるときも、その途中や終わりにチェックやフォローを入れると、「仕事を押しつけて逃げている」という印象にはなりません。**電話を切りたいときは、「いまは忙しいけれど、夕方、連絡します」と言えばいい**のです。ＳＮＳやＬＩＮＥは既読スルーではなく、スタンプの一つでもいいので、すぐに返してあげてください。

同僚、部下、上司、友人、恋人、妻、娘、姉妹、母……すべての女性は「自分と向き合ってほしい＝気にかけてほしい」と思っているのですから。

日仏で五人の女性と暮らし、女性と猫を描き続けた藤田嗣治《つぐはる》は、「女はまったく猫と同じだ。かわいがればおとなしくしているが、そうでなければ引っ掻《か》いたりする」と言ったとか。さすが、生涯、女性を観察しただけの巨匠。本質をついた言葉かもしれません。

女はまったく猫と同じだ。
かわいがれば
おとなしくしているが、
そうでなければ
引っ掻いたりする。

（画家・藤田嗣治）

# 04

# 「どっちでもいい」「なんでもいい」

投げやりな返事をする男

カフェのとなりの席に同僚らしい男女がいました。もれ聞こえてきた会話は……。

**女**「今度の飲み会の場所を考えているんですけど、居酒屋とレストラン、どっちがいいと思いますか？」
**男**「どっちでもいいんじゃない？」
**女**「えー、ちゃんと考えてくださいよ」
**男**「じゃあ、居酒屋」
**女**「えー、でも、居酒屋ってうるさくて、落ち着いて話ができないですよね」
**男**「だったら、人に聞かないで自分で決めたら？」
**女**「……」

女性はよく「どっちがいいと思う？」という質問をします。

たとえば、職場でちょっとしたアイデアを一つに絞るとき、「A案とB案、どちらがいいと思いますか？」、お弁当を買ってくるとき、「和食と中華、どっちがいいですか？」というように。

質問に対して、「どっちでもいい」「なんでもいい」と返すのは、男性のやってしまいがちな残念な返事。「両方ともいいから、どちらでも構わないよ」という意味で「どっちでもいい」「なんでもいい」と言うのでしょうが、女性から「ちゃんと考えて」と文句を言われ、「じゃあ〜」と決めてあげると、「えー、でもー」と返ってくる。

一体なんと答えればいいのかと、戸惑っている男性も多いのではないでしょうか。

## 一人で決めるのが苦手だから一緒に考えてほしいという女ごころ

男性は、多くの問題を自分で考え、一人で結論を出そうとします。他人の力を借りるのは、ほんとうに困ったときや、最終段階で確認するためでしょう。

対して女性は、一人で決めるのが苦手で、だれかに一緒に考えてほしいのです。

メニューを選ぶのにも、買い物をするのにも時間がかかるのが女性というもの。「これがいいと思っていたけど、あっちもなかなかよさそうだし……」とあれこれ気持ちが分散したり、「待てよ。みんなはどうしているのかしら」とまわりの空気を読んだりして、一人でスパッと決めるワケにはいかないのです。

そこで女性は、判断がむずかしい場合、だれかに質問をして意見を出してもらいながら、最終決定をするという方法をとります。

「どっちがいい？」「なにがいい？」と聞くのは、「ちょっと意見を聞かせて」「一緒に考えて」という女性からのSOS。だから、「どっちでもいい」「なんでもいい」という答えは、やる気がなく、突き放されたように感じて、悲しくなるワケです。

また、最終決定をゆだねられたと思う男性が一生懸命考えた結論に、女性が「でもー」となるのは、結論を求めているのではなく、意見を出してもらって考えている最中だから。**女性は、結論だけを提示されるより、一緒に考えたり、悩んだりしてくれることを望んでいるのです。**

## 「どっちでもいい」に〝ひと手間〟加えた答えを

女性の決定につき合うのは、男性にとって面倒なことかもしれません。

しかし、「どっちでもいい」はさらなる面倒を引き起こします。無責任、無関心に感じられて、「考えてくれないんですね」と不機嫌になる女性もいるでしょう。そんなことが続くと、質問されることもなくなり、存在がないように扱われることになります。

**「どっちがいい？」と言うのは、男性を信頼し、尊重しているゆえの言葉**なのです。

ともかく、ここは女性の決定を助けるために、〝ひと手間〟を加えてください。

「どっちがいい？」と聞かれたときの答えは、次の3つのようにアレンジすると、摩擦がなくなり、女性はあなたを心強く思い、感謝をするほどになるはずです。

### ①「～だから、○○がいい（どちらでもいい・なんでもいい）」

男性は結論を伝えることが重要と考えて、隠れた理由を説明しないものですが、その〝理由〟こそ、女性にとっては重要なのです。

たとえば、女性部下に「今日は郵便局に行ったほうがいいですか？」と聞かれたとき、男性は「忙しそうだから、外出は大変そうだなぁ」「急ぐ用事ではないんだけど」などと考えて、「どっちでもいいよ」という結論だけを伝えるかもしれません。

しかし、「どっちでもいい」だけでは説明不足。気遣っているのにもかかわらず、女性に「考えてくれない」と思われるだけです。「今日は忙しそうだから、明日でいいですよ」と答えれば、女性は安心して決定もスムーズにできるでしょう。

**「どちらでもいい」「なんでもいい」という結論にも理由が必要。**「お弁当は中華と和食、どちらがいいですか？」という質問には、「両方好きだから、どちらでもいいですよ」と理由を加えるだけで、まったく印象は違います。

「結論」よりも「一緒に考えること」を優先してください。

## ②「どちらもよくて迷うけど、自分はこっちがいいと思う」

一緒に考えてあげるために、ここでも〝共感力〟が生きます。たとえば、仕事でA案かB案か選べずに困っている女性に、ちょっと考えながら「迷いますよね」「どっちも捨てがたいですね」などと寄り添えば、「そうなんです！」「わかってくれますか？」と、安心した表情になってくれるでしょう。

そのうえで、「自分はA案がいい」と押し付けない程度に軽く伝えれば、「なるほど、そんな意見もある」と決定のための一つの材料にしてくれます。「直感で」「好きだから」「現実的に」など、簡単な理由も加えるとベストです。

## ③「自分はどうしたい？」逆に、聞き返すことで女性の考えを整理してあげる

頭が混乱している女性に、「自分ではどっちがいいと思ってます？」と逆に質問してあげるのは、救いの手になります。

たとえば、オフィスの備品を、どのメーカーで買うか迷っている女性に対してそう言うと、「デザインはA社のほうがいいんですけど、機能性と価格を考えるとB社かな」などと自分の気持ちを整理し始めます。

さらに「いまは、どっちが優勢？」と質問をすると、「うーん、やっぱりB社ですね」と決定の手助けができます。そこで、「B社は、メンテナンスもしっかりしているようですよ」と情報を与えてあげると、「一緒に考えてくれてありがとうございます！」と感謝されるでしょう。

男性にありがちなのが、自分に聞かれてもわからないという思いから、「自分で決めてください」と言ってしまうこと。そのひと言は、女性にとって「自分には関係がない」と、男性から突き放されたも同然です。

**わからないときは、逆に女性に質問し返す**ことで、回答からも逃げられます。「自分はどうしたいと思っていますか？」と寄り添うだけで、女性は満足して、自分で決めることができるのです。

「どっちがいい？」

「なにがいい？」と聞くのは、

「一緒に考えて」

という女性からのSOS。

# 05

## 「手伝ってあげましょうか」「僕がしないといけないの？」

無自覚男＆無責任男

現代の既婚女性たちが苛立っている男性のフレーズの一つがこれ。

「僕は家事や育児をよく手伝っています」

男性としては、女性のことを「ちゃんと手伝っている」と胸を張るのですが、女性から見ると、「そもそも家事や育児は、女性だけの役割ではないから、〝手伝う〟じゃなくて、当然の役割として〝自分もする〟でしょう？」と苛立ち、まだまだ根深い認識の違いにガックリと肩を落とすのです。

仕事の場でも、お茶出し、片付け、飲み会の取り皿分けなど、名もなき雑用や気配りを「女性がするもの」と思っている男性がいるのは事実です。

過去の役割分担の流れから、女性自身も自分たちがするという刷り込みがあって「男性も、もっと手伝ってくれたらいいのに」と言っていることがあります。

いえ、女性がお茶出しをして、男性は重い荷物を運んだりするなど、男性、女性の役割分担があってもいいのです。

しかし、最初から「女性がするのがあたりまえ」という姿勢が残念なのです。

そんななかで、「これは男性もやらなきゃいけませんね」と当事者意識を持ってくれたり、「いつも助かっています」と気にかけてくれたりする男性は、尊敬のまなざしで見られます。

## 男性は自分のテリトリー以外のことには気が回らないことを自覚せよ

男性は、自分に与えられた役割に関しては、全力で果たそうとします。しかし、自分のテリトリー以外のことには、意外と無関心。言われなければ、「やらなくてもいい」と思っているフシがあるのではないでしょうか。

もちろん、それがいけないワケではありません。自分の役割を、責任を持って一途《いちず》にやり抜く男性の姿は、尊敬に値します。

ただし、自分のテリトリーなど関係なく、相手のためにあれこれとやってあげたいと思う女性にとっては、それが「冷たい」「不親切」と感じられるときがあるのです。

自分のテリトリーだけを全うする男性と、テリトリーなど考えない女性、これが男女のすれ違いを生む原因の一つです。

たとえば、わからないことを聞いてくる女性に対して「僕の担当じゃないですから」とひと言で済ませたり、ミスをした部下に対して「どうして僕の指示通りにやってくれなかったの？」と責任逃れをしたり。「自分には関係ありません」といった態度は、責任を逃れることはできても、信頼をなくすことにつながるでしょう。

「僕の担当じゃないけど、○○さんがよく知っているから聞いてみますよ」「次からは手順通りにやってくださいね」など、自分も当事者として一緒に考えて行動するという姿勢があれば、女性だけでなく、すべての人の信頼を得ることができるはずです。

とくに現代の女性は、妻、母、娘、仕事人、友人、趣味サークルの世話役など、男性が想像するよりはるかに多くの役割を求められていて、心の休まる暇がありません。つねにあれこれ気を回している女性にとって、一つのことだけをしている男性は「自分のことしか考えていない」と映ることもあります。

男性は、「仕事」「家族」「遊び」などさまざまな問題を、それぞれのフォルダに入れていて、女性はすべての問題を、全部一緒にまとめて同じフォルダに入れていると考えたらいいでしょう。仕事をしながらも、「父親の風邪は治ったかな」「先月の電気代、高かったけど、どうしてだろう」などと考えてしまうのが女の性《さが》。

協調性を重んじるがゆえ、とくに職場の人間関係がよくないのは、悩みの種。「仕事は仕事」と頭ではわかっていても、そうはなれないのが女性なのです。

女性がイライラしたり、怒りっぽくなっているのは、そんなところからもきています。男性としては、「なにをすればいいかわからない」「言ってくれればやるのに」という気持ちもあるでしょうが、「言わなくても察して動く」女性にとって、「言わなければ動かない」男性は、ストレスのもと。忙しくて不満がたまると、不機嫌になったり、八つ当たりのように感情的に振る舞ったりすることもあるのです。

## 女性が求めているのは「積極的な姿勢」+「感謝と労い」

男性は「なにかできることがあったら言って」と指示を仰ぐことも大事ですが、まずは女性たちが日ごろどんなことをしているか、見てみるといいでしょう。

すると、陰ながらみんなをサポートしていることや、いろいろと気遣って動いていることに気づくはずです。

そこで、「これは僕もやります」と積極的に動くだけで、女性は涙が出るほどうれしく、救われるのです。

ただし、それらの作業がパーフェクトにできないからといって、自分を責める必要はありません。それよりも大事な、男性としての役割があります。

それは、女性を見守り、労ってあげること。なにか言いたそうにしていたら、「なにかありました？」と話を聞いてあげることです。

「大丈夫です。なんでもありません」と言っても、男性が気にかけてくれているという事実は、うれしいはずです。ちょっとしたグチを聞いてあげるだけで、女性の心が回復することもあります。

また、女性が普段、なにも言われなくてもやっていることに気づいて「いつもありがとう」「お疲れさま」「たいへんだったね」と感謝と労いを伝えていれば、女性は普段からご機嫌を保てるはずです。

**女性の不満は、男性が「なにもしてくれないこと」よりも、「自分の存在をわかってくれないこと」のほうが大きい**のです。

私が暮らしていた台湾は、東アジアではもっとも女性が仕事で活躍していると言われます。公務員の管理職や、大学教授などは、女性のほうが多いと感じるほど。あちこちの職場を観察すると、男性女性関係なく、お互いに「大丈夫？」と口グセのように声をかけ合っています。

男性に「女性が上司になるのに抵抗はありませんか？」と聞くと、「まったくないです。うちの女性上司は能力が高いから、会社のためにも、自分たちのためにも活躍してほしい」などといった答えが返ってきます。

めいっぱい働くパートナーを持つ男性に「女性が、夜遅くまで仕事をして、家事をやらないのは問題ない？」と聞くと、「彼女が活躍して稼ぐことは、彼女のためにも、家族のためにもいいことだから」と言います。

あるとき、「これだ！」と膝を打ったことがありました。

女性が働けるのは、男性が女性にちゃんと目を向けているからだと。

「女性個人の問題」ではなく、「みんなの問題」として考えているのです。

相手を見ているから、自然に「なにがしたいのか？」「なにに困っているのか？」がわかって、自然に手を差し伸べます。**やさしさや思いやりというのは、相手をしっかり見ることから始まる**のではないでしょうか。

もしも、「手伝ってあげようか」「僕がしないといけないの？」などと自分が言っているかも、という心当たりがある男性は、応急処置として、感謝と労いの言葉をかけることから始めてみてはいかがでしょう。

自分のテリトリーだけを
全うする男性と、
テリトリーなど考えない女性、
これが男女のすれ違いを生む
原因の一つ。

# 06

# 「不労所得で一生安泰」

ストレートな「オレ様自慢」男&ビッグマウス男

女性が赴《おもむ》く取引先や派遣先、合コン、同窓会など、あちこちに出没するのが「オレ様自慢」の男性たちです。

ある異業種交流会で、「男は浮気ぐらいしないとダメでしょ」と言っていた男性に、女性陣がドン引きして、評価がガタ落ちしたことがありましたが、暗に「自分は浮気するほどモテる」と言いたかったのでしょうか。

「昔、CAとつき合っていて～」とか、「学生時代は女が途切れることがなかった」といった〝モテ自慢〟は、女性がもっとも嫌悪する「オレ様自慢」でしょう。「うちの子、かわいいんだよ」と、スマホの写真を見せられる〝うちの子自慢〟のほうがずっとマシ。モテ自慢には、微笑ましく思える要素がないのです。

そんなモテ自慢に、女性たちは「へー、すごいですね～」「さすが○○さん！」と言ってあげるのが自分の役割だと感じ、大抵はそうするでしょう。しかし、心のなかでは苛立ち、「いまはモテないだろ！」と激しくツッコミを入れているのです。

まわりの女性たちに、男性のどんな自慢が苦手か聞いたところ……。

●「有名人の○○とよく飲みに行く」（知り合い自慢）
●「昔は、やんちゃして警察のお世話になったもんだ」（武勇伝自慢）
●「○○さんはオレが面倒をみてあげた」（お世話自慢）
●「あれ？　これくらいの知識、大学の教養で勉強しなかった？」（知識自慢）

なかでも、女性が軽蔑さえしてしまうのが、「オレは不労所得で一生安泰。安い給料で働いているヤツらを見ると、かわいそうになってくるよ」「アイツらよりも、オレのほうがよっぽどマシ」という〝だれかを落として自分を上げる自慢〟でしょう。自慢をする人は、何度も繰り返すだけでなく、ビッグマウスも加わるため、女性からは「イライラを通り越して、かわいそうになってきた」という声も聞こえてくる始末。

自慢をしているとき、男性はとてもうれしそうに話していて、自分で自分を上げているように見えます。でも、ほとんどは、自慢するほど「カッコわるい」「イタい」「器量が小さい」と下げる結果に。途中で話題を変えたり、さりげなく退席したりしながら、「この人とは距離を置こう」とするのです。

## 「オレ様ファースト」の自慢話に女性はイラつく

男性の自慢話をある程度聞くのは、女性の役割だとは思います。そんな承認欲求があるから、がんばれるということもあるでしょう。個人的には、「オレなんかダメだから……」と自分を卑下する男性よりも、自分を大きく見せようとする男性のほうが頼もしいと思います。

でも、男性たちの自慢話に、どうしてこうも女性たちが苛立ち、嫌悪してしまうのかと考えると、一つは、会話が「オレ様ファースト」になっているからです。

かつて結婚相談所で働いていたことがありました。ある女性がお見合いの席で、一流商社勤務の男性から、どれだけ自分の学歴や仕事がすごいか、どれだけすごい友人がいるか、どれだけすごい収入かを聞かされたそうです。

その女性が見合い直後に電話をかけてきて言ったのは、「すばらしい人であることは、じゅうぶんよくわかりました。でも、彼はひと言も『あなたは？』と私のことを聞かなかったんです。私には興味がないんですね」

この見合い話は、女性側から断ることになりました。もちろん、お見合いは自己アピールの場。男性としては、「こんなにいい条件を話したのになぜ⁉」と理解できなかったでしょうが、女性は一方的な自慢話より、自分に少しでも興味を持ってほしかったのです。

もう一つ、失礼ながら、自慢したがりの人は、「この人なら話を聞いてくれるだろう」という相手を無意識に選んで言っているところがあります。だから、大抵は「上から目線」の自慢話になっているはずです。

その証拠に、目上、年上の人、自分より優れていると思われる相手に、自慢話をする人はいないでしょう。女性に対しても高嶺の花的な遠い存在、仕事などでぜったいにかなわないような存在には、自慢することはありません。

自慢話にイライラする女性たちは、無意識に「欲求不満を解消する手段にされている」と感じ取って、苛立っているのかもしれません。

## 自分で上げる人ではなく、まわりから上げられる人になる

「自慢話をしてはいけない」と言っているワケではありません。自分をアピールする場は多々ありますし、「自慢話だとは思われたくないけれど、聞いてほしい」ということもあるでしょう。

そんなとき、少し言い方を変えるだけで、自慢話には聞こえず、相手が快く受け入れてくれる簡単な方法があります。それは、次の2つ。

### ①「オレ様ファースト」から「あなたファースト」の会話に変える

自慢話をする男性は、単に自慢話をしたいのではなく、話を盛り上げるサービス精神でついつい自慢になってしまうことが多いもの。ですが、だれだって「〝相手〟のことをわかりたい」以前に、「〝自分〟のことをわかってほしい」と思っています。

心地いい会話とは、自分のことを話せる会話。男性が女性に楽しんでもらおうと思うなら、女性に話を振って、しゃべってもらうことが大切なのです。

「聞く：話す」が「6：4」になるイメージで話すと、大抵は「5：5」のバランスのいい比重の会話になるでしょう。

自分が自慢話をしてしまったな、と思ったら、「○○さんはどうですか？」「あなたはどう思う？」などすぐに相手に振って、女性にどんどんしゃべらせてください。質問をされるだけで、女性は「この人は、私のことをわかろうとしてくれている」とうれしく思うのです。

ただ、だれからも称賛されている男性は、まず自慢話をしません。すでに認められているので、自慢する必要がないということもありますが、たとえ自分を知らない相手でも「あなたのことを聞かせて」と同じ目線で話そうとします。

そんな男性に、女性は「カッコいい」「器が大きい」と思うのです。それに、自慢となる情報は、自分自身で話すより、あちこちから漏《も》れ聞こえてくるほうが、「じつはすごい人なんだ！」と尊敬できるではありませんか。

## ② 謙虚なコメントをひと言、付け加える

自慢話はもちろん女性もするものですが、女性がする自慢は、わかりにくいもの。話の流れのなかで「そういえば、私……」とさりげなく自慢したり、相手をマウンティングしつつ、「私なんて大したことないんですけど……」と少し抑えた言い方をしたり

します。

女性はまわりとの和をたいへん重んじているので、「あからさまな自慢はみっともないし、相手を不快にする」と重々承知しているのです。

対して、男性の自慢はストレート。女性にとっては「よくもまあ恥ずかしげもなく……」という自慢を直球でバンバン投げてこられると、「もうムリ」となってしまいます。

聞きやすい自慢にするには、謙虚なひと言を加えること。過去の栄光自慢になりそうなときは「じつは、そのあと大きな失敗をしちゃってね」と自分を落とすひと言を加えたり、仕事自慢になりそうなときは「自分はまだまだだ」「まわりが助けてくれたおかげだよ」と低姿勢で話したりするといいでしょう。

そんな言葉が見つからないときは、「ちょっとだけ自慢しちゃっていい？」「うれしかったから聞いてほしくて」などと前置きして、早めに切り上げましょう。

長々と話すから、「自慢話がしつこい」となるのです。少しだけ話すほうが、気持ちよく受け入れられて、素直に「すごい！」と思ってもらえるはずです。

心地いい会話とは、
自分のことを話せる会話。
女性に話を振って、
しゃべってもらうことが大切。

# 07

# 「気の持ちよう」「考えすぎ」「細かいことは気にするな」

女性の不安をメンタルの問題で片づける男

男性としてはまったく悪気がなく、むしろよかれと思って言っているのに、女性を傷つける言葉のトップ3に入るのが、「気の持ちよう」ではないでしょうか。

女性が不安になっているときや弱っているときに、このすれ違いは起こります。

ある友人が、男性上司に「人間関係がよくないために、仕事に支障が出ている……」といった相談をしたところ、返ってきたのは「細かいことをいちいち気にするな」「要は気の持ちよう」という言葉。

上司は、「そんなことで悩まなくていいよ」と励ますつもりで言ったのかもしれませんが、友人は「この人にはなにを言っても無駄だ」と絶望し、さらに人間関係はこじれて仕事を休みがちになり、ついには退職するに至ったのです。

また別の友人は、恋人に「仕事で忙しいのはわかるけど、連絡をくれないと寂しい」

と訴えたところ、「もっと強くなれよ」と返されたとか。友人は「この人と一緒にいても、悲しい思いをするだけだ」と感じて、別れを切り出したといいます（結局、別れるまではいきませんでしたが）。

女性が「○○が辛い」「しんどいんだけど」と訴えているときは、相手を信頼して「助けて！」というSOSを送っているということ。それなのに、「気の持ちよう」で解決されては、突き放されたも同然。信頼する相手に「あなた自身の問題でしょ」と言われているようで、逃げ場がなくなってしまうのです。

## 女性はすぐに不安になり、立ち止まる

男性に比べて、女性はあれこれ気が回り、細かいことを気にして、すぐに不安になる生きもの。要するに、〝心配性〟なのです。そして、想像力も豊かな女性は、不安になるたびに「ちょっと待てよ」「これでいいのか」と躊躇《ためら》い、進めなくなってしまうのです。

これは、仕事をするうえ、家庭を営《いとな》むうえでは、マイナスだけではないでしょう。

男性の気づかないところに気が回ったり、問題があったら、柔軟に路線変更したり

できることもあります。

やるべきことをやればいいとシンプルに考えて進む男性にとっては、「なんでそんなことで悩むんだ」と面倒に思うでしょうが、そこで**「えーっ、面倒くさーっ！」と言わずに、女性のSOSに耳を傾けて**あげてください。

一見、感情的だと思われる言葉のなかに有益な情報が隠れているかもしれません。女性の「困っている」には、細かい情報を感知する優れた力が宿っているのです。

ある管理職の男性は、こんなことを言っていました。

「昔は、女性が『これはよくない』『あれができてない』って不満げに言ってくるのをうるさく思っていたけど、言ってもらって助かることが多い。いまは女性に頼りっぱなしだよ」

男性が行く方向を示して、女性が問題を指摘し、柔軟に対応する……というのは、自然界の提唱するチームワークなのかもしれません（現代社会では、立場が逆になることも多々ありますが）。

ただ、女性は問題があることを、「辛い」「困った」「ムリ」という〝不満〟という感情優先で示してくることが多く、男性は責められているように感じるもの。感情を切り離してものごとを遂行しようとする男性目線からすると、「大した問題ではない」「気の持ちよう」で解決したくなることもあるでしょう。

しかし、女性目線においては、〝大問題〟。ここは一緒に問題を解決する〝姿勢〟を示してほしいのです。その〝姿勢〟だけで女性は心強く、問題が半分解決したように思うものですから。

## 不安な女性が欲しがっているのは男性の〝気遣い〟

まずは、女性がなにかを訴えてきたとき、ここでも〝共感力〟を生かして、「それは辛かったと思います（辛かったね）」「心配ですよね」と寄り添ってください。

不安がっている女性が欲しているのは、男性の〝気遣い〟。「わかってくれる人が、一人でもいる」というだけで救われるのです。

そして、「気の持ちよう」と相手の〝気〟の問題にするのではなく、「わかりました。気にかけておきます」「気をつけます」と自分の〝気〟が相手に向かっていることを示せばいいのです。

「困ったときはいつでも言ってください。話を聞くことだけはできるから」「気にかけておきます」という言葉だけでも、心強いもの。これだと、具体的な解決策がなくても、女性はほっと安堵《あんど》するはずです。

男性も口に出して「気をつける」「気にかける」と言うと、実際にそのことが気になるもの。「まずは、こんなことから始めてみたらどうかな?」「僕が手助けできることは……」と解決策も見つかるかもしれません。

繰り返しますが、**女性は「気にかけてもらう」というだけで、「大切にされている」と実感する**もの。男性が思っている以上に「相手も大切にしよう」と行動し、いい循環ができていきます。

男女の関係をなによりも大切にするアルゼンチン人の男性がこんなことを言ったことがありました。

「女は〝不満〟でできている。いつでも、どんな状態でも、かならず不満は出てくる。幼い子どもからおばあちゃんになって死ぬまで、ずっと不満を言い続けるのが女という生きもの。それを受け止めてあげるのが男の役目なんだよ」

「男性ばかりが受け止めなきゃいけないのか!」と思われるかもしれませんが、受け止めるポイントは、男女でいくらか違いがあります。

もちろん女性も、男性の生き方や、弱点を含めた性質を受け入れる必要があるでしょう。

男性の対応力があるかないかで、人生には大きな開きが出てきます。面倒くさがらず、〝ひと手間〟かける気遣いが明暗を分けると言っていいでしょう。

女は〝不満〟でできている。
幼い子どもから
おばあちゃんになって死ぬまで、
ずっと不満を言い続けるのが
女という生きもの。
それを受け止めてあげるのが
男の役目。

（アルゼンチン人の知人の言葉）

# 08

# 「だから？」「で、なにが言いたいの？」

話のオチを求める男

職場で女性と昼食を同席したとき、電車で一緒になったときなど、「なにを話していいかわからない」という男性は多いものです。

それは女性も同じなのですが、女性は「来週、10年ぶりに同窓会があるんですよ」「いまウクレレ教室に通っていて……」「タレントの○○ちゃんがおすすめしていた健康法が……」など、なにか話題を見つけて話そうとするもの。

それに対して、男性は「自分に関係のないことを話されても、どう返していいかわからない」という気分になるのではないでしょうか。

そこで、出てくるのが、「へー」という気のない返事。

さらに、「同窓会って、みんながキラキラして見えて、なんだか気後《きおく》れしそうですよね。女子の半分は結婚していて、話が合うのかなぁ。爽《さわ》やかだった男子が変わっているを見るのも嫌だし……」などと話が長くなってくると、聞いている男性はイライラして禁断のひと言をつぶやくことになるのです。

「だから、なに？　同窓会に行きたくないってことを言いたいわけ？」

女性は「いえ、そういうことじゃないんですけど……」と、会話が成り立たず、気まずい空気が流れることになるでしょう。

こうした**女性の、長い上にオチのない雑談につき合うのは苦手**だという男性は多いもの。いえ、苦手どころか、雑談をする必要はないとすら思っている男性もいるのではないでしょうか。

ある女性は、パートナーが食事中にテレビをつけるのがつね。つまらない番組をなんとなく観ているので、「たまには、テレビを消して、おしゃべりをしない？」と提案したところ、返ってきたのは、次の言葉。

「だって、なにも話すことはないだろう」

女性は、改めて「もうダメだ。この人と会話しても楽しくない」と天を仰ぎ、話すことをあきらめたといいます。

## ほとんどの男性は「雑談」を軽視している

男性が女性との話をつまらないと思う正体は、「永遠にオチ（問題解決）がないこと」。目的のない会話は価値がないと思えて、苦痛でたまらないでしょう。

そんな男性の多くは、ホウレンソウ（報告・連絡・相談）や会議など〝問題解決型（議論型）〟のコミュニケーションが得意で、初対面の会話や雑談は苦手。

対して女性は、人と仲良くなったり、相手の意を汲んだりする〝雑談型（共感型）〟のコミュニケーションが得意で、目的を明確にする会話は苦手です。女性は最初からオチなど考えず、話しながら考えるため、話があちこち脱線したり、延々と時系列で話をしたりして、男性を「結局、なにが言いたいんだ」「もっと手短に」「最初に結論を言って」と苛立たせることになります。

これまで仕事では、男性の〝問題解決型〟のコミュニケーションが基本とされてきましたが、時代とともに、〝雑談型〟のコミュニケーションが重視されるようになってきました。

ブレインストーミングで、自由なアイデアをさまざまな角度から出し合って最後にまとめたり、食事会などで積極的にコミュニケーションを図ったりする動きも増えています。

企業の採用担当者に「いちばん求めている人材は？」と聞くと、「コミュニケーション力のある人。女性に比べて、男性は圧倒的にコミュ力が低い」などという答えが返ってきますが、ここでいうコミュ力とは、会話のキャッチボールがうまくできる〝雑談型〟のコミュニケーションのことでしょう。

「女性部下、女性上司とうまくいかない」と悩んでいる男性は、〝雑談〟を相当に軽視していると思われます。仕事の成果をアピールするのもいいですが、**雑談力を磨くと女性には認められ、愛されます。**風通しのいいコミュニケーションは、仕事にも反映されてくるはずです。

とくに、一見些細な女性の話を、気持ちよく聞くことができる男性は希少といえるでしょう。外見や学歴、収入など関係なく、女性の心をつかむことができます。

コンサバティブな男性側からすると、そういう行為は女性の気を引くために表面的に合わせているようで、「チャラい」と映るようですが、それは女性が求めるものをわかっていないから。

ストレス社会で生きる女性たちはだれだって、自分の話を聞いてくれる男性がいるだけでうれしく、心強く、「救われた」とさえ思うのです。

## 「興味を持つこと」と「5W1H」の質問が話を聞くコツ

ここでは、女性と雑談するなかでもっとも大切な「話を聞くコツ」をお伝えしましょう。男性はしゃべるスキルを磨くより、聞くスキルを習得したほうが、ずっと女性に喜ばれ、高い効果が得られるはずです。

**【女性の雑談を聞くポイント】**は3つ。

### ① 話の要約、あたりまえのアドバイスは不要。ただ、聞いてあげるだけでOK

「つまり、なにが言いたいの？」「要するに〜ってこと？」など、ムリに話をまとめる必要はありません。また、男性は親切心から「だから〜すればいいのに」「それはダメだよ」などと言いたくなるでしょうが、あたりまえのアドバイスもジャッジも女性は求めていません。ただ、しゃべること自体が〝快感〟なのです。

要約やアドバイスで話を遮《さえぎ》ってしまうと、女性は自分を否定されていると感じ、親しい間柄なら、「もう聞いてくれなくてもいい！」と軽くキレられる可能性大です。

一言一句聞き漏らすまいと一生懸命になる必要もありません。だんだん疲れて嫌になりますから。「受け流す」ということに慣れてください。「うんうん」「そうなんだね」とうなずきながら聞き流せるようになれば、話をするのもテク。女性と会話する心地よさにも気づくはずです。

## ② とりあえず、どんな話にも興味を持ってみる

「男性と話をしてもつまらない。女子会のほうが盛り上がって楽しい」とは、あちこちから漏れ聞こえてくる言葉。じつは、私はこのことをたいへん危惧《きぐ》しているのです。

女性が、仕事から家庭のこと、人間関係、料理、エンタメ、ファッション、アートなどさまざまな話題にアンテナを張って、情報を取り入れようとするのに対して、男性は、自分に関係のないことや、興味のないことには、あまり関心のない態度。「へー」「ふーん」と気もそぞろ。そんな消極的な態度が、話の幅や深さ、延《ひ》いては文化度にも影響してくるように思うのです。

一見つまらない話のなかにも、「そんなことは知らなかった」という未知の情報や、「女性ってそう思うんだ」「そんな考え方もあるのか」といった気づきが含まれている

はずです。

ここはまず、形から入りましょう。体ごと相手に向けること。相手の顔をちゃんと見ること。微笑みながらうなずくこと。この3点に気をつければ、女性に「この人は、興味を持って話を聞いてくれる」と印象づけられます。「意外におもしろい話かも」と気持ちも後追いして、自然に女性の話に耳を傾けられるようになるのです。

## ③「5W1Hの質問」で話をふくらませる

雑談中、ときどき質問してあげると、さらに女性は気持ちよくしゃべってくれます。「ほんとう?」「面白かった?」「たいへんだった?」といった「YES/NO」で答える質問でもいいのですが、それだと「そうです」「ええ、まぁ」で話が終わります。

それよりも、「いつ(When)?」「どこで(Where)?」「だれが(Who)?」、「なにを(What)?」「なぜ(Why)?」「どんなふうに(How)?」といった「5W1H」の質問のほうが、会話はふくらむでしょう。

たとえば、「○○さんがこんなことを言っていた」という話に、「いつ?」「どこで?」「どうして?」といった質問をすると、「あれ、意外と聞いてくれてる?」と、喜んで話してくれます。

話がふくらみすぎて延々と続くのは困るというのなら、「5分なら話を聞けるよ」など時間を設定するのがおすすめ。切り上げたいときは、「もっと聞きたいけど、仕事に戻らなきゃ」と言って断わっても構いません。女性は「ちゃんと話を聞いてくれた」という満足感があればじゅうぶんなのですから。

男性が些細なことを気持ちよく聞いてあげるだけで、女性とのコミュニケーションは、驚くほどスムーズになるのです。

女性との雑談が
気持ちよくできる男性は、
外見や学歴、収入など関係なく、
女性の心をつかむことができる。

# 09

# 「結婚しないの？」「太った？」

デリカシーのないことを言う男

女性は死ぬまで「魅力的な異性」として、恋愛云々ではなく、男性から好意を持ってほしいものです。

それを象徴するこんな出来事がありました。

ある職場で、若手の社員、A君、B君が配属になったときのこと。

歓迎会の席で、40〜50代のパートさんたちが、彼らを囲んでこんな質問をしました。

「二人とも彼女がいないらしいけど、どんな女性が好みなの？」

A君は、すかさず、「え？　だれか紹介してもらえるんですか？　できれば年下で、かわいらしい子がいいな。タレントの○○ちゃんとか理想ですね」

この瞬間、A君がすべての女性を敵に回したのは、言うまでもありません。

「ふーん。そんな子、なかなかいないわねぇ」と引かれて、仕事でもなにかとツンケンした態度をとられることになったのです。

ところが、B君の答えはこうでした。

「あたたかくて、大らかな女性は尊敬しますね。あ、皆さんみたいに……」

「ブラボー！　100点満点の答えだわ」と女性のだれもが思ったことでしょう。

B君のリップサービスであることはわかっていても、女性陣はB君のことを好意的に見て応援するようになったのです。A君がミスしたときは文句を言うのに、B君がミスしたときは、みんなでフォローする。若い女性アルバイトが入ってきたときは、「A君には気をつけなさい。B君みたいな人がいいわよ」とプッシュしたほどでした。

## 「年齢」「見た目」「結婚・出産」は〝地雷〟。命取りの話題と心得よ

「どんな女性が好み？」という質問は、女性とのコミュニケーション力があるかないかのリトマス試験紙と言ってもいいでしょう。

女性の扱いがわかっていない男性は、バカがつくほど正直に、具体的に答えてしまうのです。「若くてかわいい子」と言うと、中高年の女性に対して「自分にとっては、若くてかわいい子に女性としての価値があり、そうでない人には価値がない」と否定

しているようなもの。

どんな女性でも内心、「そりゃあ、あなたの恋愛対象にはならないだろうけれど、ちょっとぐらいは気を遣ってもらいたいものだ」と思っているのです。

もちろん、男性はなんの悪気もなく、そんなことまで考えていないでしょう。

しかし、女性はつい深読みをしてしまう生きもの。ただでさえ、女性は「若いほうがいい」「美人なほうがいい」という世間の目に晒《さら》されて、多少なりとも嫌な思いをしています。「人には言われたくない」と、傷つけられることを不安がっています。

女性の扱いに慣れている男性は、このあたりの地雷を避けた言い方をします。

**「前向きながんばりやさん」「笑いのツボが似ている人」「みんなに気配りができる人」**など、守備範囲の広い答えだと、女性は安心するのです。

男性の無神経な言葉に、つい感情のスイッチが入ってしまう「年齢」「見た目」「結婚・出産」の三大テーマには、〝地雷〟が潜んでいると考えたほうがいいでしょう。

「もう年なんだから」「最近、太った？」「なんで結婚しないの？」といった言葉は、男性が思うよりはるかに、女性にとって不快なもの（職場で言うとアウト）です。

ほめておけばいい、気を遣った言い方をすればいい、というわけでもありません。

女性の「何歳に見えます？」という誘導尋問は、「どう見られているか知りたい」「若く見てほしい」という気持ちの表れ。男性が「30歳ぐらいかなぁ」と気を遣った言い方をしても、「あー、そんなもんですか……」と、どこか不満げなときは、もっと若く見てほしかったからでしょう。

「ミステリアスで全然、想像がつきませんよー」とか、「10歳ほど若い年齢」を言ってあげれば、女性は満足そうな顔をするはず。

「痩《や》せていますよね」とほめたつもりでも、「もっと太りたいんです！」と返ってくるかもしれないし、「○○さんみたいな素敵な人が結婚していないなんて」なんて称賛のつもりで言ったとしても、「結婚していなくて悪かったですね」ととるかもしれません。

どこに地雷があるかわからないので、避けて通りましょう。雑談で大切な目的は、「正しい答え」ではなく、「人間関係」であることをお忘れなく。

## 「デリカシーがない男性」にならないために……

「デリカシーがない人」とは、「無神経な人＝気遣いができない人」のことです。

まわりの女性たちに、これまで「実際に」男性から言われたデリカシーのない言葉を聞くと、「更年期ってことはないですよね？」「もっとメイクすれば、かわいいのに」「昔はモテてたでしょう」「○○さんって、彼氏にワガママ言うでしょ」「貯金、ため込んでそう」「恋愛が続かないタイプじゃないですか？」などなど。

**デリカシーがない人の共通点は、「自分はデリカシーがない」という自覚がまったくないこと。**それどころか「自分は他人のことをよく見ていて、気を遣える人間だ」「相手に指摘してあげるのは親切だ」とさえ思っている男性もいるから、やっかいです。

ちなみに、右の例の言葉は、職場で言うと「セクハラ」にあたるでしょう。また、注意が必要なのは、男性が「ウケを狙って言う場合」に地雷を踏んでしまうことが、意外と多いことです。

「いま自分は、ウケを狙ってるな」という自覚がある場合は、口に出す前に脳内センサーを働かせたほうがいいでしょう。

もちろん、女性のなかにもデリカシーのない人はいて、男性が秘かに傷つくこともあるでしょう。男性も女性も「相手の嫌がるポイント」をわかっていないのが原因ですが、まわりとの調和を重んじる女性は、発する言葉にはいくらか気を遣っているもの。失礼な発言をするのは、男性のほうが圧倒的に多いのです。

これを解決する道は、「相手の反応を見る」ということに尽きます。

モテる男性が、下ネタを話しても許されるのは、相手の反応を見てしゃべっていて、「この人は、このあたりまで許してくれる」と肌感覚でわかっているからでしょう。グイグイ乗ってくるなら、興味があるということなので、彼らはまず嫌われることはありません。

女性は表面的にニコニコしてわかりづらい面もありますが、礼儀として、「女性が嫌がりそうなことには触れない」「相手の反応を見てしゃべる」という2点を心がけるだけでも、「デリカシーのない人」扱いはされなくなるはずです。

# 「年齢」「見た目」「結婚・出産」の三大テーマには、女性を不快にする〝地雷〟が潜んでいる。

# 10

## 「いいからやって」

上から目線で命令、声を荒らげるなど威圧的な男

女性に嫌われる男性のなかでも、決まって上位に入るのが、〝エラそうな態度をとる男性〟でしょう。

たとえば、「いいからやってください！」「そうじゃないでしょう！」と、丁寧語であっても、高圧的な、ドスのきいた口調で言えば、それは「威圧」です。

「いくらなんでも、これは自分はない」と思う男性でも、安心はしないでください。

上下関係で生きている男性にとって、自分より弱い立場の人にエラそうに振る舞ってしまうことは、ありがちではないでしょうか。

ある女性がこんなことを言っていました。

「普段はおとなしく見える上司と一緒にタクシーに乗って、運転手さんが道を間違え

たときに、急に『なにやってんの！』と怒鳴ったんでびっくり。人間性って、ああいうときに出るのね」

**女性は、男性の高圧的な態度に、とても敏感**です。「この人は、弱い立場の人に強く出るんだ」と認定したら、「自分の身にふりかかるのは、ほんとうにイヤ」と不安になり、「ちっちゃい人間」と軽蔑もします。

その根底には、「女は腕力ではかなわない」「男と本気で戦ったら負ける」という気持ちがあるからかもしれません。

## 男性の威圧的な態度に、女性は不安になる

かつて女性に乱暴な言葉を使う上司がこんなことを言ったことがありました。

「オレは、男性も女性も同じように接する。同じ仕事をしてるんだから、当然だろ」

当時は私も若く、上司の乱暴な言葉にビクビクしながらも、「これは平等に扱ってくれているんだ」といいように解釈していました。そして気づけば、自分も後輩女子に「これ、やっといて」「つべこべ言わない！」など、男性的な言葉を使うように……。

しかし、いまならわかります。

乱暴な言葉に対して、男性と女性ではストレスの度合いがまるで違う。

そもそも暴力的なこと、争いごとに、女性はめっぽう弱いのです。

男性が子どものころから「オマエがやれよ」「うるせー」などとざっくばらんにじゃれ合いながら育っているのに対して、女性は子どもでも「私はダメだから、〇〇ちゃんがやって。そのほうがぜったい、いいと思うの」などと多少気を遣った言い方をします。

男性同士が年齢や立場、強さで上下関係を踏まえて振る舞うのに対して、女性は、平等な関係で平和を保ちたいので、あまり威圧的な言い方はしません。するにしても、体育会系の師弟関係や先輩後輩など、ベースに強い信頼関係がある場合にかぎります。

つまり、男性の乱暴な言葉に慣れていないため、「怖い」と感じてしまうのです。

## 男性が感情的になるのと、女性が感情的になるのはワケが違う

威圧的な態度をとる男性のなかでも、女性がもっとも嫌悪するのは、感情的にキレたり、怒ったりする男性でしょう。

「いやいや、感情的になるのは女性のほうが多い」とツッコむ人もいるかもしれませ

ん。

しかしながら、女性が感情的になるのと、男性が感情的になるのはワケが違います。女性が感情的になっているときは、ひとえに「わかってほしい」というもの。相手を打ち負かしたい、自分が優位に立ちたいという気持ちはありません。ただ困っているだけなので、男性に話を聞いてもらえれば、大抵は落ち着きます。

男性が感情的になっているときは、思い通りにならないから、声を荒らげたり、威《い》嚇《かく》したりして、〝戦闘モード〟になっているのです。話し合いをする余地などないでしょう。

つまり、**男性が感情的になったら、〝おしまい〟**なのです。

賢い女性ならだれでも、ほんとうに強い人は、やさしく穏やかに接する人だとわかっています。とりわけ、女性や弱い立場の人に対して丁寧に接する男性は、〝品格〟が感じられて、尊敬と称賛を集めます。

言いたいことや不満を我慢しろと言っているのではありません。

威圧的な言い方、感情的になることをやめるだけでも、女性は安心します。

さらに、「丁寧な言葉を使う」「ゆっくり話す」という2点を心がけると、「穏やかな人」という印象になるでしょう。

女性は、強い男性が好きですが、それはケンカの強さではなく、心の強さ。表面的には穏やかな男性が好きなのは間違いありません。

# 女性や弱い立場の人に丁寧に接する男性は、尊敬と称賛を集める。

# 第3章

# こんな面倒な女がご機嫌になる対処法

# 01

# 不機嫌になる女

その心の声
「ちょっとでいいから、気遣ってくれない?」

だれしもイライラすることはあるものですが、イライラ頻度が高く、人にキツく当たったり、なにかと刺々《とげとげ》しい言い方をしたりする女性はやっかいなものです。ちょっとしたことで怒りをぶつけてくることもあるため、まわりは腫《は》れ物に触るように接したり、「なにが不満なんだ!」とつい感情的な対応をしたりしてしまいがちです。

これは困りますね。ただ、わかっていてほしいのは、女性は目の前のことでイライラしているのではないということです。

女性は**感情がセットになった記憶の貯金箱**に「だれも手伝ってくれない」「休みをもらえない」「あの人にこんなことを言われた」といった不満をごちゃごちゃとため込んでいて、それがいっぱいになったら、感情だけがあふれてきます。

男性は、女性がイライラしてきたら、「あー、結構、負の貯金がたまってきたな」と理解して、少しだけ手を差し伸べてあげてください。「ムリしないで」といった労いの言葉や、ちょっとしたサポート、なにかの問題を解決してあげること、など……。

近しい関係であれば、いちばん効果的なのは、グチや不満を聞いてあげることでしょう。小さなことでも、負の貯金は目減りして、ご機嫌さを取り戻していきます。

やってはいけないのは、「そのうちご機嫌が直るだろう」と放置してしまうこと。面倒を避けてとり合わず、なにもしないでいると、女性は「ないがしろにされている」と負の感情がどんどんあふれてきます。女性のイライラは、「私の機嫌が悪いことをわかって、ちょっとでも気遣ってほしい」というメッセージなのです。

ただし、とても視野が狭い女性で、あなたにはまったく落ち度がないにもかかわらず、自分が不満だから、「不機嫌」であることを選んでいる人もいます。その場合は、「自分の感情を持て余して困っている人」と思って、事務的に仕事を遂行しましょう。

## 男性が手を差し伸べる〝やさしさ〟で、女性はご機嫌を取り戻します

# 02 泣く女

その心の声
「しばらく泣かせて。感情を吐き出させて！」

感情的になって泣く女性への対応は、「不機嫌になる女」とは違います。日ごろの不満というより、瞬発的に感情が高ぶって「泣いてしまう」ので、しばらくすると、かならずと言っていいほど立ち直るのです。それも自主的に。

女性が泣く場面は大抵、話をしていて、ひどく傷ついたとき。ぐすん、しくしくと泣くだけでなく、男性に対しては「ひどすぎます」「謝ってください」と、ボロボロ泣きながら、激しく責め立てることもあるかもしれません。

ここでも男性はオロオロしたり、「冷静に話せないのか」と諭《さと》したり、「言っていることが支離滅裂《しりめつれつ》」とうんざりしながら議論をしようとしがちですが、なにを言っても逆効果。あなたにすぐ対処すべき重大な過失がないのなら、さほど深刻にならず、「吐き出したいんだな」くらいに思ってください。

女性は、冷静になると、「泣くほどのことでもなかった」「まわりに迷惑をかけて悪かったな」と反省するか、しばらくするとなんで泣いたかも忘れているほどです。

女性にとって泣くことは、心の解放。苦しみが流れるように、すがすがしい気分になるもの。ネガティブに思われがちですが、傷ついた心が回復していくプロセスです。

女性が泣いたときは、父親のように「よしよし、いくらでも泣きなさい。そして立ち直りなさい」と心のなかでつぶやき、大らかな気持ちで見守ってください。

その場は「そうだね。言い方が悪かったね」などとティッシュでも渡して、少し落ち着いたら、さりげなく「お茶でも飲む？」などと気分を変えてあげましょう。

人がいる場所で泣かれたら、男性はうろたえることでしょうが、おだやかな声で「大丈夫ですか？　向こうで話しましょうか？」と言ったり、ほかの女性にすばやく助けを求めたりするのもいいでしょう。

## 女性の涙は、心の癒やし。泣いたあとは元気になります

女性にとって
泣くことは、心の解放。
大らかな気持ちで見守って。

# 03

## すぐに「辞める」「別れる」と言う女

その心の声
「切羽詰まっているから、お願い！　私のほうを見て！」

仕事において、「もう辞めたいです！」とか、恋人同士や夫婦で「もう別れましょう」などと、ストレスやケンカの延長線上で、吐き捨てるように言う女性がいるものです。

男性は、まるで自分を試されているようで、イラっとするかもしれません。

そう、女性の「辞める」「別れる」という言葉は、１００％本気ではなく、何割かは「辞めたくない」「別れたくない」という気持ちが残っているもの。軽々しく最後の手段を口に出すのは、女性側の幼稚な〝性格〟の問題と考えられがちです。

しかし、そればかりでもありません。男性はいつも「問題視しない姿勢」で、さまざまな問題を切り抜けようとします。が、この姿勢こそが、女性にとっては不安でたまらないのです。言いたいことがあっても、「こんなことを要求する自分が間違っているのだろうか」「面倒な女にはなりたくない」と言い出せずにいます。

　または、言っても相手にしてもらえず、思い悩んでいるかもしれません。

「辞める」「別れる」の言葉は、その不安が頂点に達して、なんとしてでもその不安を払拭《ふっしょく》したいと、男性の注意を引こうとする破れかぶれの手段なのです。

「どうして辞めたいの？」と話を聞いてあげるだけで、大抵、女性は落ち着きます。嘘《うそ》でも「わかってあげられなかったね」と言ってあげれば、大部分の不安は払拭されるでしょう。さらに、女性を引き留めるためには、不満を少しでも解消しようとすることも大事ですが、「君がいてくれて助かっている」「君にはいてほしい」と〝存在〟を肯定してあげると、女性は「またがんばろう」と思うはず。そもそも、そうなる前にときどき「なにかあったら言って」と声をかけてあげることも必要かもしれません。

## 「辞める」と言われたら、まずは「どうして辞めたいの？」と聞く

# 「辞める」「別れる」の言葉は、男性の注意を引こうとする破れかぶれの手段。

# 04
# すぐに「ムリ」と言う女

その心の声
「自信がないから、やれる道筋を示して！」

仕事を頼むとき、男性であれば、ほとんどは「上司命令ならやるしかない」と考えますが、女性のなかには「ムリです」「私にはできません」と言う人がいます。役職やリーダーを任せようとすると、「荷が重いです」と逃げようとする人がいるので、必死になって役割を全うしようとする男性からは「だから女性は……」という声も聞こえてきます。

ただ、女性が単に仕事に対するやる気や責任感がないということではないのです。小さな問題は気にせず、見切り発車でも、とりあえず進もうとする男性に対して、女性は最初に心配事を取り除いて納得しないと前に進めません。

「この仕事はどんな内容なのか」「どの程度のレベルを求められているのか」「いつまでにやるのか」とさまざまなことが頭を駆け巡り、**少しでも問題があると、立ち止ま**

**ってしまう**のです。しかも、自分の能力、女性同士の関係、同僚との仕事のバランスなども考えながら、「どうして私なんですか？」ということまで確認しようとします。「がんばりたいけれど、できるかどうか不安」「認めてはほしいけれど、自分だけ目立ちたくはない」といったことでしょう。

そんな女性には、次の3つの方法が有効です。

①「どこが心配？」と不安要素を取り除いてあげる

②「君はこんな仕事が得意だから」「君に任せれば安心だから」など頼む理由を伝える

③「君のおかげで助かっている」「いつもありがとう」と感謝を伝える

すると、「ちゃんと見てくれている！」と感動して、「期待に応えたい！」とやり甲斐を感じるようになるでしょう。間違っても、「どうして私なんですか？」と聞かれて、「ほかにいないから」なんて答えないでくださいね。

## （女性は、自分に対する〝肯定〟と〝感謝〟で、やる気が倍増します）

女性は最初に
心配事を取り除いて
納得しないと
前に進めない。

# 05

# 無表情な女&無愛想な女

その心の声
「放っておいてほしいけど、認めてもらうのはうれしい」

「無表情でなにを考えているのかわからないし、どう接していいかわからない」

女性の部下の扱い方に悩んでいるという男性がいました。

なにか頼むとムスっとした顔。「なにかあったら言って」といっても「別になにもありません」と冷めた返答。ずっと怒っているように感じられて、腫れ物にさわるように扱ってしまうというのです。

無表情な女性や無愛想な女性は、まわりに合わせるのが苦手、他人に興味がない、感情が乏しい、媚《こび》を売りたくないなど、タイプはさまざま。共通しているのは、「他人への警戒心が強いこと」です。心を開くことで、なにかしら傷つくのを恐れているため、喜怒哀楽《きどあいらく》の感情を出さないようにして、自分の殻に閉じこもってしまうのです。

このような女性を強く叱ったり、逆に、親しくしようとしても、ますます心の殻は頑《かたく》なになるだけ。女性が自ら殻から出てきてくれるのを待つしかありません。

話しかけたときの反応が薄くても、**「〇〇さんはこういう個性なのだ」と軽くとらえているる**と、女性の緊張もほぐれます。話の輪の中で無愛想にしつつも、ときには「私はこう思う」と発言することがあります。そのときは、警戒心を乗り越えて話してくれていると歓迎しましょう。口数が少ないだけに、しっかりした意見が多いものです。

無表情な女性からなにかしてもらったら「連絡ありがとう」「資料よくできているね」など、相手を認める言葉をかけていると、少しずつリラックスした表情や笑顔が出てくるはず。

他人を信用できない人は、自分も信用できず、本心では「自分は認められていない」「理解してもらえない」と思っています。「ちゃんと認めているよ」と心の殻をやさしくノックし続けることが、無表情な女性が殻から出てくる勇気につながるのです。

## 無表情というのは一つの個性。その人自身を見てあげる

# 06

# 言うことがコロコロ変わる女

その心の声
「〝いま、この瞬間〟に起きた気持ちを受け止めて！」

「言ったことを、すぐに撤回する」「朝と夕方で意見が違う」「前の話はもういいと言い出す」など、言うことがコロコロ変わる女性に、ほとんどの男性が振り回されているのではないでしょうか。女性のコロコロ変わる態度は、ワガママや気分屋に見えて、「自分の発言には責任を持ってもらいたい」と憤《いきどお》ることもあるでしょう。

しかし、ほとんどの女性は、程度の差はあれ、そんな面を持っています。もちろん、私もそうですが、大学生の姪《めい》が、将来の進路について、言うことがコロコロと変わったときは、「よく考えて最終的な決断をしてから、人には話しなさい。一貫していないと社会で信用されなくなるよ」と諭したことがありました。姪の返事はこうでした。

「信用されなくてもいい。いろいろと人に話して意見をもらって、自分で決めたい」

信用されなくていいというのは極論ですが、なるほど、一理ある……と納得。

女性は、目の前にある事柄に対して、感覚的に反応しながら生きている面がありま す。そうして、まわりの変化に柔軟に対応し、自分や家族を守っていくのです。

男性は首尾一貫することが大事で、女性はそのときどきを生きることが大事。そのときの感情をそのまま口にしますが、頭を整理すれば、説明できる理由もあるのです。

ビジネスにおいて、「一度言ったことは撤回してはいけない」というほどのことは、限られているのではないでしょうか。ある程度は、意見が変わってもいいと大きな心で受け止めてください。

それでは仕事に支障が出るなら、事前に女性の意見や心配事をじっくり聞くことで、最終意見に導きやすくなります。「変更するなら〇〇までに」と期限を決めたり、「迷惑がかかるから、これ以上の変更はできないけど、いいですか？」と、その影響を示しながら念を押すと、女性もよく考えたうえで、慎重に発言するようになります。

## 女のコロコロ変わる気持ちは、真剣に考えているからこそです

# 07

# 論理的に話せない女・話が長い女

その心の声
「見たまま、聞いたまましゃべるから、あなたに手助けしてほしい」

つねに「この話はなんのため？」と考えている男性にとって、女性の話は筋道がないように思えるもの。「仕事のときは論理的に話してもらわないと困る」「だらだらした与太話《よた》につき合うのが苦痛でたまらない」と苛立つこともあるでしょう。

女性は察知力が高く、情報量が多いために、話をしながら結論を出したり、意見や要望について説明をはしょったりします。ホウレンソウ（報告・連絡・相談）をするときも、見たことを見たままの時系列で話し、さらに数珠《じゅず》つなぎに、話がどんどんあさってのほうに逸《そ》れていくこともしばしば。メールやSNSの長いメッセージに、うんざりする男性もいるはずです。そう、基本的に女性はおしゃべり感覚なのです。

仕事においては、男性の議論型コミュニケーションが向いているので、それが苦手な女性に対しては、「まず、結論を教えてほしい」「注意するポイントを挙げて」「先に、要点を箇条書きでメールして」とトレーニングしてあげるといいでしょう。

ただ、**一見、支離滅裂な女性の話のなかにも、重要なヒントが含まれているもの**です。時間に追われていなければ、苛立つのではなく、女性はそんなものと流して、大事なポイントだけに注視するといいでしょう。「そこ、詳しく教えて」と、必要な部分を聞き、あとは聞き流せばいいのです。

一方、雑談をするときは、しゃべること自体に目的があります。女性とのコミュニケーションに慣れている男性は、忍耐力があるのではなく、会話を楽しみ、「それ、おもしろいね」「なるほど、それは貴重な情報だ」と、自分の〝利〟になることを見つけています。女性がうれしそうにしゃべっている顔や、ほっとする顔を見て、目的を達成したとそっと喜ぶ……。そんな男性には自然に女性が引き寄せられてくるのです。

## 女性と雑談ができるようになると、貴重な情報を味方につけられます

# 08

# 「私なんか」と自分を卑下する女

その心の声
「ちょっと自信がなくなったの。私のいいところを、ほめてほしい！」

　ある男性が、「女が『私なんか、非正規社員だから』『私なんか、モテないから』って言うの、ほんとウザいです」と言っていたことがありました。「そんなことないよ」って言ってほしいのが透けて見えて、逆に、言ってあげたくないというのです。

　女性同士でも、面倒だと思うものですが、「私なんか太っているから」などと言われれば、「全然、そんなことないよ。ちょうどいいくらいだよ」と挨拶のように返します。コンプレックスを自虐的に話す女性は、さほど深刻に考えているわけではありません。真剣に気にしていることは、恥ずかしくて、とても言えませんから。

　また、自分を卑下する女性は、逆に、プライドが高いもの。「本当はこうありたいのに、できない」という理想と現実のギャップを埋めるために、「私なんか」とあえて自分を低く設定して、プライドが傷つかないようにしているのです。とくに、相手やまわりから自分を落とされる発言があったときに、「私なんか」は飛び出します。

つまりは、自分にちょっと自信がなくなったときのSOSの言葉。「私なんか……」への切り返しとしては、「そうだね」の〝肯定〟や「ふーん」の〝流し〟はありえません。「そんなことないよ」の〝否定〟一択です。

できれば、「○○さんは△△がいいところ」と肯定的なほめ言葉をかけてあげると、「そう？　ありがとう！」で話は終了します。

真っ向からの否定や、ほめ言葉にどうしても抵抗がある人は、「どんなスタイルが理想？」「男はあんまり気にしないけどなぁ」と話をずらす方法もあり。

「モデルの○○ちゃんみたいになりたい」と言われれば、「それは痩せすぎだと思う」など、否定も肯定もしなくて済むでしょう。言葉の戯《たわむ》れだと軽く考えて。

## こじらせる女性の多くは、「自信のなさ」からきています

# 「私なんか」への切り返しは、「そんなことないよ」の〝否定〟一択。

# 09

## 責める女

その心の声
「ものすごく傷ついてるから、男のあなたがなんとかして」

女性が男性を責めるのは、「相手が男性だから責めている」ということがあります。

「なんで○○してくれないんですか？」

という女性の怒りに満ちたセリフを、男性なら何度も聞いたことがあるでしょう。

恋人や夫が相手だと、さらにエスカレート。なじったり、過去の話を蒸し返したり、脅《おど》したりと、あの手この手で攻撃してきます。

程度の差はあれ、ほとんどの女性はネガティブな言葉で男性を責めた経験があるはずです。

男性を責めるときの女性は、「強い男に被害を受けているかわいそうな私（私は悪くない）」「だから、これくらい責めても許されるはずだ」と無意識に思っています。

男性が責められたときにやってはいけないことは、感情的になって責め返すこと、逃げることです。〝責め〟は激しさを増すか、別な機会でまた始まりますから。

「向こうが責めてくるのに……」という気持ちをグッとこらえて、ここは、女性の〝感情〟をなだめてから、〝理論〟で説明する作戦に持ち込んでください。

おだやかに「お気持ちはよくわかりました」「心配かけましたね」と寄り添ってあげれば、大抵は落ち着きます。次に「これからは○○に気をつけますね」など、端的に解決策を示すといいでしょう。

女性の責めを受け入れているだけでは、〝甘え〟が助長されるので、責めがキツいときには「もう大丈夫だから、そんなに責めないで」と言ってもいいかもしれません。冷静になると、女性も「これ以上は嫌われる」「言いすぎた」と反省するのです。

責める女性は自信がなく、日ごろのうっぷんがたまっているもの。なにかと気にかけたり、がんばっていることを認めたりすることが、〝責め〟の防御にもなるはずです。

## 女性が責めているときは、〝感情〟が〝理論〟より優先しています

# 10

# えこひいきする女

その心の声
「好き嫌いで振る舞ってしまうけれど、本当はみんなに愛されたい！」

男性たちに「職場でNGだと思う女性の振る舞い」を聞くと、かならず出てくるのが「人によって態度が変わる」、つまり〝えこひいきをする〟という振る舞いです。

男女を問わず、そんな人はいますが、女性は感情を出しやすい性質があるので、顕著に感じられるのかもしれません。

しかも、男性が態度を変える場合、「立場が上か下か」といった理由が多いのに対して、女性は「損か得か」「好きか嫌いか」といったえげつない理由が多い。そこに女性のいやらしさ、意地悪さを感じてしまう人もいるでしょう。

ある男性の場合は、お局さんのえこひいきがストレス。お気に入りの新入社員ばかりをかわいがって、その男性が業務連絡をするだけでも露骨に嫌な態度をとるので、仕事にも支障が出てきたとか。

女性は一度、嫌な態度をストレートに出してしまうと、自制心が効かなくなって、なかなか改善できません。自分自身の感情に振り回されてしまうのです。

このような女性につける特効薬はありません。応戦しても、媚《こ》びても、避けても、いい結果にはならないので、**〝えこひいき〟はないものとして、ビジネスマンとして、淡々と丁寧に接すればいい**でしょう。

挨拶をする、「ありがとう」を言うなど、最低限の礼儀は守ることで、「大人の態度とはこういうものだ」と、その女性だけでなく、まわりにも示してください。

ただ、女性の嫌な態度が変わるチャンスはあるものです。それは女性が困っているとき、ミスをしたときなどに、フォローしてあげること。話を聞いてあげるのもその一つ。「この人は意外にいい人だ」と思ってもらえれば、女性の態度は軟化していきます。

〝えこひいき〟は女性側の問題と割り切って、距離を保ちつつ見守っていきましょう。

## だれとでも公平に接する男性は周囲に信頼されます

# 第4章

# モテる男が言う
# こんなひと言

# 01 「わかります」「それは大変でしたね」「僕もそうです」

共感していることを示す

女性と会話するときに大切なのは、とにもかくにも〝共感〟であると、この本では強調します。ここではもう少し具体的に説明しましょう。共感ができる男性は、少ないからこそ、このテクニックを身につければ、「この人は、わかってくれる!」「一緒にいて楽しい!」と女性からの絶大な支持を得られるようになります。

共感コミュニケーションは、コツさえつかめば難しいことではありません。むしろ、ものすごくラク。アドバイスや結論のために頭を働かせなくても、「そうだよね」と共感のひと言を挟むだけで、女性は話を聞いてもらえたと満足するのですから。

そんな**【〝共感〟を示す3つの切り返し】**をご紹介します。

**① 5語の合いの手「うんうん」「そうだね」「わかる」「たしかに」「なるほど」**

この5つの共感ワードを使えば、初歩的な会話はほぼ成立。「そうだね」という言葉は「そうそう！」「そうなんだー」「だよね」などバリエーションがあります。納得できないときは「自分はよくわからないけど、そうかもしれないね」と変換。

**②　感情のオウム返し「それはうれしかったね」「ワクワクするね」「残念だよね」**

〝感情〟を共有することで、共感度はアップ。「電車が遅れて、面談に遅刻しそうになって……」と言われたとき、「もっと早く出るようにしたら？」とわかりきったアドバイスは不要。「それは焦《あせ》るよね」「間に合ってほっとしたね」と感情で返して。

**③　共通点、共感ポイントを見つける「僕もそう」「一緒ですね」「同じだ」**

女性同士が共通点を見つけて「私も〜！」と手を取り合う感覚。「テレビ番組の○○にハマってて……」→「僕も見てます」「なかなか仕事が覚えられなくて……」→「自分も新人のころはそうだった」など、共通点をどんどん言葉にしていきましょう。

慣れてくれば、自然に「共感力」はついていくものなのです。

**大切なのは、話の中身ではなく、「共感してくれた」という事実です**

「そうだよね」と
共感のひと言を挟むだけで、
女性は話を聞いてもらえたと
満足する。

# 02

# 「考えておきます」「少し時間をもらえますか？」

「考えている状態」を言葉にする

女性は、男性に放置されるのが、いちばん嫌い。「この前の件、考えてくれてますか？」「忘れてないですよね？」などと言うときは、「放置＝ないがしろにされている」と不安で、怒りさえ感じているのです。

こんなとき、男性はつい、「うるさいなー」「ちゃんと考えているよ」などと反撃してしまいがちですが、ここは「心配させてしまいましたね（心配させちゃったね）」と共感してあげてください。

男性は、頭では考えていても、なかなか口には出さず、結論が出てから話すものです。対して、女性は考えながら話し、人と共有しながら、結論を出していくスタイル。男性のプロセスが見えないために、言葉がなければ、考えていることが伝わらないのです。

それを理解して対処するようになれば、**劇的に信頼度は上がり、モテる**ようになります。

**【女性から課題を与えられたときの2つのポイント】**を押さえれば、女性はイライラして待つこともなく、男性も的外れな結論になることを防げるでしょう。

**① 結論が出なくても、「考えていること」を途中報告する**

たとえば、女性部下に担当替えを頼まれていたとき、「まだ結論が出ていないんだよ。新人が育ってないから、どうしようかと思って」などと言うと、それだけで「ちゃんと考えてくれている！」と部下の信頼感、安心感につながります。部下から「新人も○○の担当ならできますよ」などの意見をもらえて、一緒に考えることもできます。

**② すぐに返事できないときは、「考えてみる」「少し時間をくれない？」でOK**

「自分なりによく考えてみたい」「週末にゆっくり考えてみる」など、待つ時間がイメージできれば、女性は安心。できれば「○○まで待って」など期限を教えてあげて。

**（「考えている」というひと言で、女性は満足します）**

# 03

## 「大丈夫？」「なにかあったら言って」

微妙なサインを見逃さない

職場でも、プライベートでも、女性に人気のある男性がよく使っている言葉が、「大丈夫？」です。この言葉を使うかどうかで、女性の対応はまったく変わってきます。

女性はなんでも思っていることを口に出しているようですが、そうではありません。疑問や不満、不安を抱えながらも、まわりに合わせて踏ん張っていることがあります。

そんなときは表情が優れなかったり、話すときに視線を合わせなかったり、口数が少なくなって声が沈んでいたりと、なにかしらサインが出ているもの。「まわりに迷惑をかけてはいけない」と気持ちを隠して、ぎこちなくなっていることもあります。

そんなサインに気づいたら、すぐさま「大丈夫？」「どうかしました？」「何かありました？」と声をかけてあげましょう。なにか言いたそうにしていたら、よく話を聞いてあげてください。

「なんでもないです」という返事には、「それならいいけど、なにかあったら、いつでも言ってください」とひと言、声をかけておけば、それ以上、面倒なことになりません。

とかく男性は、女性部下や同僚に対して、「安心して任せられるから、声をかけない」という態度になってしまいがちです。が、どんな優秀な部下でも、「声をかけられない＝放っておかれる・気にかけてもらえない状態」と感じて不安になるのです。

女性には弱っているとき、困っているときに、声をかけてくれる男性が数割増しでカッコよく見えるもの。恋愛相談やグチを聞いてもらっているうちに「なんて優しくて頼りがいがある人！」と好意を持って、恋愛に発展するのはよくある話です。

男性には一見、面倒な「大丈夫？」という言葉が、さらに面倒な事態になる危機を回避し、女性からの評価をぐんと上げることは間違いありません。

## 女性には、マメに声をかけるメンテナンスが必須です

**女性には、弱っているとき、困っているときに、声をかけてくれる男性が、数割増しでカッコよく見える。**

# 04

女性の意見を引き出す

# 「○○さんは どう思いますか？」

雑談ならいくらでもしゃべれるのに、会議で発言したり、意見を戦わせたりすることが苦手という女性は少なくありません。私もどちらかというとそう。先日、ある会議でも、頭の整理がつかず、説明することができずに、まごまご……。

そんなとき、ある男性が「アリカワさんはどう思います？」と振ってくれたので、話しやすくなりました。

社会のさまざまな現場で、女性が自分の意見を言い出せずに、まごまごとしているようです。理論立てて説明ができないこともありますが、まわりとの協調性を大事にするあまり、「こんなことを言ったらどう思われるか」と考えすぎてしまう。そのため、「よくわからないですけど」「〜じゃないかな」「そんな気がする」と、あやふやでパンチの弱い言い方になって、せっかく発言しても、スルーされてしまうこともあります。

# 女性は本来、「一緒に考える」ということが大好きです

女性は求められなければ意見を言わない傾向があるので、男性の「○○さんはどう思う？」は救いの手になります。会議やミーティングだけでなく、ちょっと意見を聞きたいとき、確認したいときなど、気軽に「どう思う？」と聞いてみてください。「へー、そう思うんだ」という意外な思いや、別視点からのアイデアが聞けるかもしれません。

なかには「それは違う」「そうは言ってもねー」という意見もあるでしょうが、すぐに却下《きやっか》するのではなく、「そんな考え方もあるね」といったん受け止めてもらえると、女性たちは「自分の意見を取り入れてくれた！」と喜び、自信を持てるようになります。

男性はすぐに結論を出し、ゴールに向かって進もうとしますが、女性の意見を聞くことは、危険を回避したり、情報を仕入れたりするサポーターの役目を果たします。「○○さんはどう思う？」という声かけは、女性を味方につける言葉でもあるのです。

# 05 「○○さんがそう言うなら」「○○さんならできる」

女性のモチベーションを上げる

繰り返しますが、**女性は、つねに自分という〝存在〟を確認したい生きものです。**

そのため、「○○さんだからお願いしたい」などと自分をスペシャルに扱ってくれる言葉は大好物。自分の価値を認めてくれた相手のことも、特別に扱うようになります。

リーダーやなにかの担当を頼まれたとき、「ほかに人がいないから」「だれでもいいんだけど」と言われるよりも、「○○さんは安心して任せられるから」「こんなことを頼めるのは、○○さんしかいないから」と言われたほうが、俄然《がぜん》、張り切ります。

「あなただから」は、女性のモチベーションを上げるためにも有効な言葉です。

男性であれば「同期でいちばん昇進が早い」とか「この仕事ができたら、全国でトップ10に入る」といったことでモチベーションを上げられるでしょうが、社会的承認を男性ほどは求めていない女性にとっては、「あなただから」と存在を認められて、喜ばれることや感謝されることが、いちばんのやりがいであり、心の支えになるのです。

私も仕事がうまくいったときに、「アリカワさんにお願いしてよかったです」なんて言われると、涙が出るほどうれしく、また期待に応えたいと強く思います。

ほかにも、こんな場面でスペシャル感を出すことができます。
＊励ますとき「〇〇さんならできる！」「〇〇さんなら大丈夫」
＊頼み事をされたとき「〇〇さんの頼みなら、喜んで」
＊意見をされたとき「〇〇さんがそう言うなら、そうなんでしょうね」
女性のほとんどは、まわりの期待を裏切れず、精一杯応じようとがんばるものです。

そんな女性に「あなただから」と言える男性には、大きなリターンがあるのです。


**（「あなただから」は「自分はあなたを認めています」のメッセージです）**

# 06

# 「お願いしてもいいですか？」「引き受けてもらえますか？」「ちょっと困ってて……」

頼み事を引き受けてもらう

ある女性が転職をしたときのこと、男性の同僚がものを頼む姿勢に驚いたとか。「『はい、これ』って投げるように書類を渡すのよ。『お願い』『頼む』という言葉も省略されているから怒りを通り越して呆れる。こっちは奴隷じゃないっていうの！」

そんななかでも、彼女が信頼を寄せているのは、頼み方が丁寧な管理職の男性。「『忙しいところ、申し訳ありません。いまお願いできますか？』って上司から遠慮がちに言われると、なんでもやってあげたくなるわよ。頼み方って大事ね」

そう、ものを頼むのは、相手に押しつける行為なのに、当然のように「早く連絡して」「今日中にやって」と、上から目線の命令口調になる人がいるのです。

現在では、仮に「連絡してください」「今日中にやってください」と、「ください」をつけたとしても、上から目線に聞こえると思っておいたほうがよいでしょう。

女性に頼み事をするときは、あえて「お願いしてもいいですか？」「頼まれてくれますか？」などと言ったほうが、こころよく応じてもらえます。間違いなく。

さらに言うと、「時間がなくて困っているから、コピー、手伝ってもらっていいですか？」「服のシミ抜きとか、持ってませんか？　シャツが汚れたまま営業に行くのはみっともなくて……」と〝情〟に訴えるのも効果的です。

女性のなかにある〝母性〟は、強気でこられる男性にはまったく働かないものの、困っている男性を見ると、すぐさま発動して、親身になって世話を焼いてしまうのです。

黙っていても女性が手を貸してくれる男性は、「些細な頼み事をする」→「大いに喜び、感謝する」を繰り返すうちに、強固な人間関係を築けます。

女性にとって喜んでくれる人、感謝してくれる人は最優先。なんとしてでも役立ちたいと思うのです。

## 些細な頼み事は、「ありがとう」を言うための布石です

女性の〝母性〟は、
強気でこられる男性には
まったく働かない。

# 07

# 「ずっとがんばってたね」「精一杯やったと思うよ」

プロセスを
肯定してなぐさめる

仕事の失敗や、試験の不合格など、女性がうまくいかないことがあったときに、「気にするな」「次はがんばって」などと励ます男性がいますが、励ましてくれること自体は、うれしいと受け止めていても、その言葉は女性の心にはあまり響いていません。

男性の目はいつも〝結果〟を見ていて、いい結果でなかったら「へこたれてはいけない」「もっとがんばれば、できるはず」とレベルアップさせようとします。

しかし、前にも書きましたが、女性の目は〝プロセス〟を見ていて、「気にするな」と言われても結果は仕方ないし、「がんばれ」と言われても、十分がんばってきたから、これ以上はムリ、という思い。「がんばれ」の励ましは「がんばりが足りない」と聞こえることもあります。

女性の心に響くのは、「ずっとがんばっていたからね」「精一杯やったと思うよ」「チャレンジしたことがすばらしい」といったプロセスの肯定です。

「がんばって」はプレッシャーに感じますが、「がんばった」は労いや慰めの言葉になります。「あなたのことは、ちゃんとわかっているよ」と言われているようで、じーんと心に響くのです。

女性が日々やっている仕事や家事、育児などの多くは、地味な作業の繰り返しで、結果に出にくいもの。目に見える変化や、数字に出ることも少ないかもしれません。

そんなときも、「よくやってるよね」「みんな助かってるよ」「努力がすばらしい」とプロセスを肯定するほめや労いの言葉があれば、「またがんばろう」と前を向けます。

目の前のこと、一瞬一瞬を生きる女性たちにとって、「いま、私がやっていることは間違ってない」と思わせてくれるひと言は、大げさなようですが、神の言葉なのです。

## 男は結果をほめてもらいたい、女はプロセスを認めてほしいものです

「がんばって」は、
プレッシャーに感じるが、
「がんばった」は、
労いや慰めの言葉になる。

# 08

# 「なにが心配？」「その点は大丈夫だから、安心して」

不安を解消してあげる

なにかと不安になりやすい女性にとって、男性の「大丈夫」という言葉は、心強いものです。と同時に、「いやいや、大丈夫じゃないでしょう！」とツッコミを入れたくなる場面があるのです。それは、たいへん大ざっぱな「大丈夫」のときです。

女性はあれこれと気がつくため「あれができてない」「これも進んでいない」とパニックになりがち。そんなときに、「大丈夫。なんとかなるでしょう」と悠長《ゆうちょう》に言われると、「この人、なんにもわかってない」となってしまいます。

そんなときは、「なにが心配なの？」と聞いてみるといいでしょう。「締切までに終わるか心配」「ほかの仕事も抱えていて」という、心配の種を一つひとつ**「その点は〜すれば大丈夫」と整理してあげる**といいでしょう。

女性の不安というのも、大ざっぱなものかもしれません。最初から「この点が心配です」と言えればいいのでしょうが、頭が混乱して、漠然と不安がっているものです。

男性は見切り発車をすることも多く、そのため、女性は心配になることもあります。

そんなとき、男性の「なにが心配？」「その点は大丈夫」と幅を狭めていく質問と答えは、たいへん効果的。解決策が見えると、女性の不安は和らいでいくのです。

女性部下が大きな仕事を任されて不安そうにしているときも、「あなたなら大丈夫だと思うけど、どんな点が心配？」と聞いてあげると、部下は心強く感じます。

それでも不安が解消されないときは、「あとは自分が責任をとるから大丈夫。思い切ってやって」と背中を押してあげましょう。

そんなすべてを受け止めてくれる男性の〝大丈夫〟は、女性にとって尊敬すべき〝包容力〟。感動と信頼で見つめられることでしょう。

## 漠然とした不安には、具体的な解決策を提示しましょう

# 09 「ありがとう」

些細なこと、
あたりまえのことに
感謝

女性に好かれて、頼み事を快く引き受けてもらえる人というのは、「ありがとう」を口グセにしています。いまではだいぶアグレッシブな女性も増えていますが、さほど収入や役職を求めない女性にとっては、感謝は最上級の自己肯定であり、なによりの報酬。それさえ実感できればなんでもやってあげたくなるし、逆にそれがない相手には、「感謝ぐらいしてもいいのではないか」と反発心でいっぱいです。

「ありがとう」は女性がいちばん喜ぶ言葉なのに、じつは〝ちゃんと〟言えている男性は少なく、「自分は言っているはずだ」という人に限って言えていないものです。

ここでは、**【女性の心に届く「ありがとう」の3つのポイント】**をご紹介します。

**① 日常の些細なことに「ありがとう」** 伝言メモや資料をもらったとき、エレベーターのボタンを押してもらったとき、なにか教えてもらったときなど、「ありがとう」

を言う場面は1日に何十回とあります。特別なことへの感謝は当然ですが、些細なことほど、女性は「そんなことまで感謝してくれるなんて」とうれしいのです。

家庭では「お弁当をありがとう」「洗濯ありがとう」などあたりまえに繰り返されることにも感謝を。

**②「ありがとう」に、ひと言添える**　「○○さんのおかげで〜できた」「教えてもらえて助かった」「コーヒー美味《おい》しかったよ」など、その〝効果〟や自分の〝感情〟を添えると説得力が増します。女性は「自分がやったことの効果」が知りたいのです。

**③顔を向けて笑顔で「ありがとう」**　言葉だけでなく、態度が人事。パソコンやスマホの画面を見たままで言われても心に響きません。せっかく言うなら効果的に。「ありがとう」のいちばんの効果は、自分が幸せになれること。男性の目は目的ばかりに向きがちですが、「いまこの瞬間、この場所」に多くの喜びがあると気づくはずです。

## 感謝の言葉は言いすぎることはないので、出し惜しみしない

# 10

## 「急がなくてもいいよ」「ムリしなくてもいいよ」

急かさない・気持ちの余裕を持たせる

仕事関係で面談に向かっているときのこと。乗る予定の電車が遅れていて、10分ほど遅刻しそうな状態でした。立場が上の方だったので、「待たせるのは失礼だし、機嫌を悪くされたらどうしよう」と、恐る恐る電話を入れたところ、

「それくらいなら、まったく問題ありません。それより焦っていると、転んだりするので、走らないで気をつけてきてくださいね」

この言葉で彼のファンになったのは間違いありません。それが「こちらも忙しいんですから、できるだけ早めにお願いします」と急《せ》かされたり、「電車は遅れることもあるから、時間には余裕を持つべきでしょう」などと苦言で返されたら、「ごもっともです」と申し訳なく思いつつ、いくらか警戒心を持ってしまったでしょう。

「時間は守らなければいけない」というのは周知のルール。しかし、大きな影響がな

い場合は、あえて「それくらいなら大丈夫」と言ってくれる男性には救われます。「自分の都合」より「相手の状況」を考えてくれる男性には、器の大きさを感じるのです。考えてみると、女性は支度に時間がかかるし、歩くスピードも男性より遅い。一緒に出かけるときに、「なにモタモタしてるんだ」「時間厳守だろ！」と苛立たせることもあるでしょう。

時間に遅れた女性にイライラするのではなく、むしろ、そのときの事情を気遣ったり、慌てているときに「急がなくていいよ」と声をかけてくれたり、ヒールを履いている**女性を気遣ってゆっくり歩いてくれたりする男性の価値は、ぐんと高まる**のです。

仕事では時間を気にすることは大事ですが、「早く早く！」と急かすあまり、ミスにつながったり、女性のプレッシャーが大きくなって、余計面倒なことになる可能性大。

また「時間がかかっているから、怠けている・仕事ができない」と評価するのも、相手のやっていることが見えていないのかもしれません。細かいことまで気にする女性は、時間がかかっても、一つひとつ確実にやっていることもあります。

繰り返しますが、もちろん、時間を守ることを軽視しているわけではありません。どうしても守ってほしい期日もあるもの。「ゆっくりでいいです」「できたときでいいですよ」とゆるい空気では緊張感もなくなってしまうでしょう。

仕事を頼むときは、やや余裕のある期限を設定したり、大きな作業を細かく分けたりして、〝ほどほど〟のプレッシャーを与えるほうがパフォーマンスは高まります。

焦ることなく、安心して「いい仕事をしよう」と取り組めるのです。

ついでにいうと、男性が気にかけて言ってくれるはずの「がんばって！」という励ましより、「ムリしないで」「あんまりがんばりすぎないで」といった気持ちの余裕を持たせてくれる言葉のほうが、ほっとできてうれしいものです。

任務を遂行する優秀な人ということだけではなく、「男としての器」も大きい人と思われたほうがきっと楽しいのではないでしょうか。

## 「ゆっくりでいい」と女性の歩調に合わせると、男性も肩の力が抜けます

「自分の都合」より
「相手の状況」を
考えてくれる男性には、
器の大きさを感じる。

# 第5章

# 女性をご機嫌にするこんな行動

# 01

## 名前を呼んで、自分から挨拶しよう

女性に喜ばれ、好かれるために、だれでも、いますぐできることは、「自分から挨拶をすること」。挨拶というきっかけがあれば、内向的な男性でも自然に距離を縮めていけます。自分の壁を取り払って声をかけるのは、少し勇気がいりますが、その分、女性はうれしいもの。職場のすべての人に声をかける勢いで、積極的に挨拶をしましょう。

人に何度も接することで、次第に警戒心が薄れて好意を抱くことを「単純接触効果（ザイアンスの法則）」といいます。挨拶だけでも繰り返すうちに親近感が湧くのです。

挨拶を効果的なものにするために心がけてほしいのは、相手の名前を呼ぶことです。名前は、自己重要感を満たしてくれる言葉。「○○さん、おはようございます。今日も早いですね」など、挨拶にひと言添えると、さらに好感度は高まります。

会話するときも、「どう思います？」より「○○さんはどう思いますか？」、「この仕事、お願い」より「○○さんにお願いしたい」と言ったほうが、相手とちゃんと向き合おうとします。

男性が思うよりはるかに、女性は「この人は、私の名前を呼んでくれるのか」を気にしています。「ちょっと」「おーい」「バイトさん」など、名前を呼ばない相手には、「自分の価値を低く見られている」と苛立ち、対応もなおざりになっているはずです。

もう一つ**心がけてほしいのは、笑顔で楽しそうに挨拶すること**。女性もリラックスして自然に話せるようになります。なにより「楽しそうな男性」というのは魅力的。

女性の反応を観察するのも、一つのトレーニング。友好的に接してくるなら、受け入れられているという証拠。雑談に広げるのもいいでしょう。

反応が鈍いときは、そっとしておいてほしいのかもしれません。そんな感覚的な対応が身についてくるのです。

## 一人でも1回でも多くの女性に声をかければ、自信がついてきます

挨拶を効果的なものにするには、
相手の名前を呼ぶこと。

# 02

## 気づいたら、すかさずほめよう

現代の女性は、いつも自分の〝存在価値〟を気にしているので、ほめ言葉は最高のご馳走。ですが、残念なことにほめを与えてくれる男性は少なく、女性はほめに飢えているのです。

男性は問題がなければ安心して口を開かず、問題があったときに指摘する傾向があります。上司が悪いことばかりを口にすると、「自分はそんなふうにしか映っていないのだ」と無意識に投げやりな行動になり、相手への情も次第に薄れていきます。

心理学の「人は期待されたとおりの行動をする」というピグマリオン効果のように、「有能な部下でよかった」「○○さんは、やさしいですね」などと言われれば、無意識にそう振る舞うもの。

「男性のほめ言葉が女性をつくる」といっても過言ではありません。

ほめは〝慣れ〟。次の【女性に好かれる3つのほめコツ】を試してみてください。

① **気づいたら、すかさずほめる**　険悪なムードのときに唐突《とうとつ》にほめてもお世辞に聞こえるだけ。感じたそのときに「字がうまい」「応対がさすが」「いい笑顔ですね」と素直に口にすると、女性はうれしいものです。相手をほめるというより、素直な感動をつぶやく感覚のほうが、説得力があります。

② **その人自身をほめる**　「資料がよくできている」より「キミに任せると安心」、「素敵な服ですね」より「センスがいいですね」とその人の価値をほめましょう。

③ **〝プロセス〟と〝変化〟をほめる**　結果だけをほめるのではなく、「よくがんばってるね」「最近、段取りがよくなったね」など〝いま〟の経過をほめると、女性は「よく見てくれている」と感動します。ほめに抵抗がある人は、相手のいい点を見つける訓練と割り切って、「1日1回ほめる」などルール化するといいでしょう。

**普段から「ほめよう」と意識していると、相手の良さが見えてきます**

# 03

## 叱るときは、〝ほめ〟と〝期待〟をセットにしよう

いうまでもなく、男性と女性の叱り方は違います。男性は叱られたことで「これではいけない。もっとがんばろう」と奮起するかもしれませんが、女性はストレートな攻撃に慣れていないため、「怖い……」「怒らせてしまった」「ダメな人間と思われてしまった」と叱られたこと自体がショック。男性には1のダメージが女性には10くらいに響くと考えて、まずは言い方をやわらかめにしたほうがいいでしょう。

また、女性は「なにを言われたか」よりも「だれに言われたか」が重要。叱っても受け入れてもらえる男性というのは、普段からほめたり、感謝したりしている人です。信頼関係もなく、自分を認めてもくれない相手から叱られても、聞く耳を持ちませんから。

**【女性をソフトに叱る（注意する）ための3つのポイント】**をご紹介します。

①〝ほめ〟と〝期待〟をセットで

「仕事が丁寧なのはキミの良さだけど、期限も守って」「こんなことをするなんて○○さんらしくないですね」「○○さんにはみんなの見本になってほしいから言うけど〜」というように。女性が「注意されたけど、期待されているからがんばろう」と思えるように、プラス面からもアプローチして。

②「こうすればよくなる」と肯定形で

「ミスが多い」ではなく「ミスがなければ完ぺき」、「お客さまへの対応が悪い」ではなく「丁寧に対応すると、いい接客になる」など。

③感情を交えず、端的に指摘する

女性は、仕事を否定されたら、自分自身を否定されたと思いがち。「たるんでいる」「責任感がない」「ベテランなのに」とその人への否定にならないように、「この点さえ直してもらえれば」とポイントを絞って。感情的に怒りながらではなく、淡々と言ったほうが、受け入れられやすいものです。

## 女性は叱られると、相手のことが嫌いになりがちです

# 04

## 些細なことを質問しよう

知らないことを「知らない」と言えず、たいへん損をしている男性が多いようです。男として「そんなことも知らないの？」と思われたくない、単に聞くのが恥ずかしい、威厳を保ちたいという気持ちがあるのではないでしょうか？　とくに年齢を重ねた男性ほど、その傾向は強く、世間から置いてきぼりになっていることもあります。

女性を代表して伝えたいのは、男性が「知らない」と言っても、女性からの評価はまったく下がらないということです。むしろ、「知らないから、教えて」と堂々と言える姿は、「自然体で正直な人だ」という好印象。根底に自信すら感じます。

**女性集団を味方につけている上司は、あえて些細なことを聞くもの**です。「取引先へのお土産はなにがいい？」「親戚のお香典はいくらが相場？」「駅前の繁盛しているパン屋さん、行ったことある？」など。女性たちは「そんなことなら、なんでも聞いて！」とばかりにあれこれ教えます。相手の力になれるのは、単純にうれしいからです。若い男性でも「教えてください」が言える人は、女性からたいへんかわいがられます。どんどん成長していくでしょう。そして、男性が「助かりました。教えてくれてありがとう！」と感謝してくれると、女性はもっともっと力になりたいと思うもの。人間関係はいい方向に循環していきます。

つねに身近なところから情報を集めている女性は、政治やマニアックなことは知らなくても、礼儀作法から衣食住、芸術、ワイドショーネタ、社内のウワサなど、大量の情報をストックしています。しかも女性同士でシェアし合っているため、つねに新鮮な情報が集まってきます。

この情報源、男性は使わないと損です。「知らないから教えて」が言える男性には、「好感度」「人間関係」「情報」の3つの恩恵があるのです。

## 知らないことを「知らない」と言える男性は、かっこいい

# 「教えてください」が言える男性は、女性からかわいがられる。

# 05

## 女性を説得するには「手に入る素敵なもの」を示そう

女性を説得したいときは、「利益」と「不利益」をきちんと提示することです。

これは、男性がよく営業のプレゼンテーションでやっている手法でしょう。

友人の夫が「八人掛けのテーブルを買いたい」と言い出したとき、友人は「子どもが独立して二人暮らしなのに？」と猛反対。すると夫は「普段は邪魔かもしれないが、そのテーブルがあったら、年に数回でも子や孫とわいわい家のテーブルを囲んで食事ができるんだ。そんな空間があることが大事で、なければ、みんなで集まらなくなるよ」と、熱く未来予想図を力説。友人は「その未来、悪くないわね」と承諾したとか。

女性が男性を非難する定番セリフの一つは、「自分のことしか考えてないのね」です。

女性の抵抗がありそうなときは、**「キミにもこんなに素敵なことがあるよ」とプレゼンする**ことをおすすめします。メリットだけを伝えるのは「調子のいいことばかり言って」となりがちなので、「少しデメリットもあるが、メリットのほうが大きい」という言い方がいいでしょう。また、〝女性〟の喜ぶメリットであることが大事です。

たとえば、女性に役職を打診するとき、男性のように「同期でいちばんの出世だ」「こんな仕事ができる」といったメリットなら、うれしいと感じないかもしれません。女性は、「部下にうまく任せられたら、自分で時間を調整しやすくなる。休みもとりやすくなるかも」「役職手当が〇万円つく」など実利のほうが喜びます。

急な残業を頼む、無茶な要求を聞いてもらうなど、なかなかメリットを提示できない場合は、「今度、ランチをご馳走するから」とフォローしたり、コーヒーを差し入れたりと、感謝の気持ちを示すことで受け入れてもらいやすくなります。

女性は「私のこともちゃんと考えてくれている」と実感できれば、多少の不利益には目をつぶるのです。

## 女性の欲しがるものを考え続けることが大事です

# 06

# 女性の「好きなもの」「苦手なもの」を覚えておこう

ある男性社長に食事に連れていってもらったときのことです。

「アリカワさん、台湾料理が好きだって言ってましたよね」と店をセレクト。ほかにも「お酒は飲めないいんですよね。あとでスイーツ用の店も予約してあります」「○○が好きって聞いていましたけど、おすすめがあるんです」など、前に話したことをあれこれ拾って、おもてなしをしてくれる姿に感動。しかも、SNSで調べたらしく、「もうすぐ誕生日でしょ？」と、ケーキのサプライズまでしてくださったのでした。

自分の好みを覚えていてくれることを、喜ばない女性はいません。

**「話を聞いてくれる」**だけでもうれしいものですが、**「そこで話した内容を覚えている」「覚えていた会話の内容をもとに行動する」**という3ステップまでいくと、いっそう喜びは大きくなります。まさに〝プリンセス扱い〟です。

これができる男性は、間違いなく女性ファンを増やします。

そのためには、普段から女性の言動に関心を持って、「好きなもの」を覚えておくことがおすすめ。好きな食べ物、好きな色、趣味、得意なこと、好みの映画や本、お気に入りのタレント、キャラクター、ブランドなど、ポイントはいろいろとあるでしょう。

それをネタに会話も弾《はず》みますし、ちょっとしたプレゼントをするのにも役立ちます。「好きな飲み物やお酒」をチェックしておくと、お茶休憩や飲み会で気配りができます。

「苦手なもの」も心にとめておきましょう。「甘いものは苦手」「寒いのが苦手」「カラオケが苦手」「SNSが苦手」など、わかっておくと配慮してあげることもできるはず。

些細なことでも覚えていてくれる男性は、女性の心をぐっとつかむのです。

**相手の「好み」を覚えて動くのが、おもてなしの極意です**

「好きなもの」「苦手なもの」
女性の好みを
覚えてくれる男性は、
女性の心をぐっとつかむ。

# 07 素早く決めて、すぐに動こう

女性は本来、「あれこれ考えて決められない」「安心しないと進めない」という性質があるため、決断から行動に移すまでの時間が早い男性は、やはり魅力的です。

たとえば、居酒屋でメニューをさっと決めて注文してくれる人。仕事の方向性をずばっと決めて「よし、いまからやろう！」と動き出してくれる人。「○○に行きたいね」という話が出たら、「そのうち」と流すのではなく、「いつにします？」と予定を決めてくれる人……。リードしてくれる男性には、頼りがいを感じて安心するのです。

仕事ができる男性も、決断と行動が素早いという特徴があるでしょう。

**現代は仕事でもプライベートでも、「女性が決めて行動しなければいけない」ということが多すぎてパニックになりがち。**そこを引き受けてくれる男性は、貴重でありがたい存在です。

ただし、男性がどんどん進めて、「勝手に決めないでよー」と女性の気持ちがついていけないこともあるので、同意を得ることが大前提。

そのコツは、一つでも二つでも理由を見つけること。たとえば、食事会の予定を決めるときは「この時期は仕事が一段落しているから」「〇〇が美味しい季節だから」など、理由はなんでもいいのです。

二つ以上提案して、女性に選ばせる。「嫌だったら言ってね」と逃げ道を用意してあげる、というテクニックもあり。女性は意思決定に参加している満足感が得られます。

恋愛や結婚も、男性が先に一歩を踏み出さないと、女性は進めないもの。女性は、ここぞというときの男性のリーダーシップを、いつだって期待しているのです。

**女性と男性、自分にないものがあるから、引き合うのです**

# 二つ以上提案して、女性に選ばせる。

# 08 ピンチのときは、すぐに助けよう

ある女性がクライアントに大迷惑をかけてしまったときのこと。

「いつもはうるさい上司が、なにも言わず、一緒に謝りに行ってくれた。会社にも『自分の確認不足』と矢面《やおもて》に立ってくれて……。この人に一生ついていこうと思ったわよ」

前の上司は、同じような状況で「自分でやったことは自分で責任をとって」と逃げてしまったとか。そればかりか、部下がやった功績は、自分の手柄にして横取り。目先の損得にとらわれて、女性に花を持たせることができないとは残念なことです。

「うまくいったら女性を前に出す」「よくないことが起こったら自分が前に出る」

それができる男性は、女性から絶大なる信頼を得ることができます。

とくに「女性がピンチのときに、助けられるか？」は、男性の本質的な価値がわかるポイントでしょう。男性が雑務を甲斐甲斐しく手伝ってくれても、家庭で家事や育

児を分担しても、大事な場面で逃げる、見て見ぬフリをする男性には不安がつきまといます。

「ピンチのときは任せろ！」と駆けつける正義のヒーローのような姿勢が見えたとき、女性は心から安心します。前に出て、伸び伸びと力を発揮することにもつながるのです。

そのためには日常の些細なことでも「女性が困っていたらすぐに動く」というトレーニングが必要です。「ミスしたら、即カバー」「落ち込んでいたら、話を聞く」「備品が壊れたら、すぐに直す」など、女性を助ける場面は限りなくあります。

見知らぬ人にも「席をゆずる」「道案内をする」など、助けるうちに、男性は自信をつけていきます。男性の目に女性は影響を受けますが、逆も真なり。女性の「この人はすごい！」という尊敬と信頼の眼差しを受けて、男性は大きくなっていくのではないでしょうか。

## 大きく成長する男性には、それを認める女性の存在があります

〈著者略歴〉
**有川真由美**（ありかわ　まゆみ）
鹿児島県姶良《あいら》市出身。台湾国立高雄第一科技大学修士課程修了。作家・写真家。化粧品会社事務、塾講師、衣料品店店長、着物着付け講師、ブライダルコーディネーター、フリー情報誌編集者など多くの転職経験を生かし、働く女性のアドバイザー的存在として書籍や雑誌などで執筆。著書に、ベストセラーとなった『感情の整理ができる女《ひと》は、うまくいく』『30歳から伸びる女《ひと》、30歳で止まる女《ひと》』『一緒にいると楽しい人、疲れる人』（以上、ＰＨＰ研究所）や、『遠回りがいちばん遠くまで行ける』（幻冬舎）、『感情に振りまわされない――働く女《ひと》のお金のルール』（きずな出版）等がある。

**職場の女子のトリセツ**

2020年２月12日　第１版第１刷発行

著　者　有川真由美
発行者　後藤淳一
発行所　株式会社ＰＨＰ研究所
東京本部　〒135-8137　江東区豊洲5-6-52
第二制作部ビジネス課　☎03-3520-9619（編集）
普及部　☎03-3520-9630（販売）
京都本部　〒601-8411　京都市南区西九条北ノ内町11
PHP INTERFACE　https://www.php.co.jp/

組　版　株式会社PHPエディターズ・グループ
印刷所
製本所　図書印刷株式会社


ISBN978-4-569-84580-7